Morfología: procesos psicológicos y su evaluación

STUDIEN ZUR ROMANISCHEN SPRACHWISSENSCHAFT UND INTERKULTURELLEN KOMMUNIKATION

Herausgegeben von Gerd Wotjak

BAND 122

PETER LANG

Alberto Domínguez Martínez

Morfología: procesos psicológicos y su evaluación

PETER LANG

Bibliografische Information der Deutschen Nationalbibliothek
Die Deutsche Nationalbibliothek verzeichnet diese Publikation
in der Deutschen Nationalbibliografie; detaillierte bibliografische
Daten sind im Internet über http://dnb.d-nb.de abrufbar.

ISSN 1436-1914
ISBN 978-3-631-74280-8 (Print)
E-ISBN 978-3-631-74282-2 (E-PDF)
E-ISBN 978-3-631-74283-9 (EPUB)
E-ISBN 978-3-631-74284-6 (MOBI)
DOI 10.3726/b13098

© Peter Lang GmbH
Internationaler Verlag der Wissenschaften
Berlin 2018
Alle Rechte vorbehalten.

Peter Lang – Berlin · Bern · Bruxelles ·
New York · Oxford · Warszawa · Wien

Diese Publikation wurde begutachtet.

www.peterlang.com

A mi padre, in memoriam...

Índice

1 Introducción

El español es un idioma morfológicamente complejo, está compuesto en su mayoría por palabras largas que añaden a la raíz uno o varios afijos que modifican su valor. Esta complejidad estructural implica que las palabras comparten su raíz formando familias morfológicas y que el reconocimiento de una de esas palabras esté mediado, en muchas ocasiones, no por sus propias características, sino por las familiaridad y productividad de sus parientes morfológicos. Al fin y al cabo el ser humano parece utilizar un gran aparato de rastreo estadístico de todo aquello que observa, con la finalidad de ahorrar recursos cuando se encuentra con el mismo estímulo, o con uno parecido, en el futuro. Las palabras próximas morfológicamente se parecen entre sí no sólo en su aspecto físico, ortográfico o fonológico, sino en el significado que tienen, de manera que es muy útil para el hablante registrar estos parecidos, porque van a servirle para interpretar estímulos que son nuevos, pero solo en parte.

Las relaciones entre las palabras de una misma familia morfológica determinan que compartan una parte importante de su ortografía. Dos palabras que comparten raíz están formadas por una serie ordenada de letras comunes. Esto es así en la mayoría de las lenguas, excepto en algunas lenguas semíticas, principalmente árabes y hebreas, donde las consonantes pueden formar raíces e intercalan entre ellas vocales que constituyen afijos, como ocurre en

kitāb "libro",
kutub "libros",
kātib "escritor",
kuttāb "escritores",
kataba "escribió",
*yaktubu "escribe"**

(evidentemente la escritura hebrea no utiliza la grafía de nuestro alfabeto, con la que están transcritas estas palabras). No es el caso del español, donde, como decimos, la mayor parte de los afijos se sitúan al principio, antes de la raíz, prefijos, o al final de la raíz, sufijos. Aunque casi todas las palabras emparentadas morfológicamente comparten letras, el grado de parecido ortográfico entre las palabras de la misma familia morfológica no es siempre el mismo, hay palabras como *"viej-ito"* que conservan todas las letras de la raíz de la palabra base de su misma familia, es decir, de *"viej-o"*, mientras que otras, como *"envejecer"*, conservan sólo algunas y otras, como *"vetusto"*, conservan muy pocas. Palabras como *"envejecer"* y *"vetusto"* son palabras morfológicamente irregulares en cuanto a la relación morfológica que, como palabras derivadas, mantienen con la palabra base de la que proceden.

viej-ito⇨ morfofonología regular
en-vej-e-cer⇨ morfofonología de irregularidad moderada
vetusto⇨ morfofonología de irregularidad severa

Por otra parte las palabras de una familia morfológica, por compartir su raíz, comparten una parte de su significado: el que corresponde a esa raíz. Una relación semántica directa es la que existe entre

"boca" (abertura anterior del tubo digestivo de los animales) y
"bocado" (mordedura que se hace con los dientes)

porque ambas comparten el significado relativo a

"esa parte de la cara que se encuentra entre la nariz y la barbilla"

pero ya no es tan evidente la relación entre

"boca" y *"bocazas"*

siendo ésta última una

"persona que habla más de lo que aconseja la discreción".

Diríamos que

"bocado" es una palabra TRANSPARENTE,

en cuanto a la relación semántica que mantiene con otros miembros de su familia morfológica, mientras que

"bocazas" es una palabra OPACA,

en la medida que ha cambiado gran parte del significado de la palabra base de la que procede.

Por lo tanto las relaciones morfológicas, además de ser complejas, pueden mantener un cierto grado de irregularidad fonológica y semántica. Pero, si como decíamos antes, el hablante-oyente es una especie de buscador de información redundante en su lengua, un estadístico que rastrea continuamente muestras de habla y asigna distintos grados de familiaridad a las palabras que escucha, este tipo de irregularidades deben ser una excepción, porque de lo contrario de nada valdría hacer este rastreo. Pero por muy escasas que sean esas irregularidades, y dado que el sistema lingüístico humano no tiene problemas en comprender ese tipo de palabras, debemos concluir que el modo de producirlas o comprenderlas debe de ser bastante distinto al que se emplea con las palabras morfológicamente regulares.

Tras varias décadas de experimentación en este campo debemos concluir que tanto para la comprensión, como para la producción de palabras, se produce un análisis de los morfemas que contienen, procediendo a componer y descomponer el significado de las mismas, para alcanzar el significado total de la palabra. Gran parte del debate se ha centrado en el "locus" de estos procesos morfológicos, si se trata o no de procesos previos al acceso léxico (Feldman, O'Connor y del Prado-Martín, 2009) o si por el contrario son procesos postléxicos más relacionados con el significado, o incluso con la integración de la palabra dentro de la comprensión de la oración (Rastle, Davis y News, 2004).

Figura 1 Si el análisis morfológico es preléxico el tipo de unidades representadas en el léxico es distinto que si es postléxico.

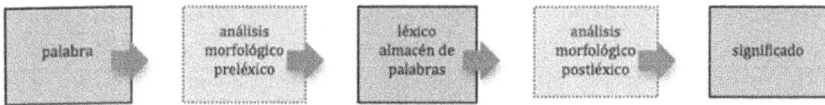

La determinación de la ubicación de estas operaciones es muy importante puesto que condiciona las unidades que deben estar almacenadas en la memoria. Si la segmentación morfológica ocurriera antes del acceso léxico las unidades almacenadas deberían ser morfológicas, es decir, deberíamos almacenar raíces y afijos, pero si la segmentación ocurre después, las unidades representadas en el léxico serían palabras completas.

En realidad, como veremos más adelante, el estudio del procesamiento morfológico ha servido para poner de relieve dos modos distintos que tiene nuestro cerebro de afrontar la producción de palabras. Uno de ellos opera a través de reglas, componiendo las palabras por unión de varios morfemas, por ejemplo en la palabra

des + torn + ill + ar,

donde los afijos van añadiéndose a la izquierda, prefijos, o a la derecha, sufijos, de la raíz, hasta matizar de tal manera el significado que se ajusta a nuestra intención comunicativa. Desde este punto de vista la producción de palabras es un proceso de

$$a + R + b + Xn$$

donde se supone que las variables representan distintas unidades que pueden estar almacenadas en sitios distintos y que hay que ir a buscarlas a esas "memorias" para añadirlas a la raíz en una posición y orden determinados. Este sería un proceso psicológico que tiene en cuenta la redundancia lingüística, la cantidad de veces que se repite una parte de la palabra en otras palabras distintas, por ejemplo *"des"* en

despeñar
destrozar
desmembrar
desayunar
descontrol
desagüe

Si, como hemos dicho, las personas son rastreadoras estadísticas de información, no nos cabe duda de que aprovecharán esta redundancia para ahorrar recursos a la hora de hablar o comprender. Así, el prefijo *"des"* añade un matiz de privación, negación o de inversión del significado de la raíz que viene después. Esta consistencia en matizar el significado de todas las palabras en las que está en la misma dirección nos hace pensar que el hablante debe de aprovechar esa regularidad en la relación entre la fonología y la semántica para comprender palabras utilizando reglas y producirlas de la misma manera.

El otro modo de operar supone un acceso directo a la palabra completa, sin tener en cuenta que, desde el punto de vista lingüístico, pueda estar formada por elementos más pequeños. Sólo habrá un almacén de memoria, o léxico, y todos los elementos, todas las palabras, estarán representadas allí.

Ambos procedimientos de producción de palabras pueden verse afectados por daños selectivos que afecten a uno y otro. Como veremos más adelante, si el fallo se produce en el uso de reglas, tendremos un afásico *agramático,* pero si el fallo se produce en el acceso directo, es más probable que tengamos un afásico *anómico.* Pongo este ejemplo, desde el punto de vista patológico, porque en muchas ocasiones es difícil ver la utilidad de ciertos estudios sobre procesos psicológicos básicos, como el que se está planteando aquí, si no se alude a las consecuencias que tiene la pérdida de tales procesos. En cuanto ponemos el ejemplo de los pacientes todo se hace más claro, como que esos procesos empiezan a materializarse. Por eso la parte final del libro está dedicada a aclarar algunos aspectos de la *neuropsicología cognitiva del lenguaje* que pueden resultar útiles desde el punto de vista logopédico y neurológico, y se ofrece un marco teórico en el que interpretar este tipo de afasia que llamamos *agramatismo*. También se ofrecen varias tareas de evaluación que pueden ser útiles en su diagnóstico, y de cara al diseño del tratamiento, ya que permiten explorar el nivel de daño *"morfológico"* que afecta al paciente y así determinar el nivel lingüístico en el que habrá que basar su recuperación.

He empezado por contar el final del libro con la esperanza de que el lector se sienta reforzado en su intención de leerlo. De todas maneras si es usted terapeuta, logopeda o neuropsicólogo probablemente le interese sólo esta parte final que acabo de describir. Puede leer sólo esta parte porque es comprensible independientemente de todo lo demás, pero, si se decide a leer el libro completo quiero describir en unas líneas qué es lo que se puede encontrar desde los primeros capítulos.

La mayor parte del libro tiene un tratamiento de tipo experimental. Trata de aportar datos que proceden de distintos experimentos que apoyan las afirmaciones que se hacen en el mismo. Creo que el lector agradecerá y comprenderá mejor las interpretaciones que se hacen de las operaciones mentales que tienen lugar al hablar, al leer o al escuchar una palabra si profundiza en los diseños experimentales y en las técnicas que han permitido llevarlos a la práctica.

El punto de vista adoptado para esta revisión está estructurado en dos tipos de pruebas, las primeras están centradas en las distintas manipulaciones que se han llevado a cabo desde la psicolingüística experimental. Incluye capítulos en los que se revisan los resultados obtenidos componiendo palabras inventadas a partir de morfemas existentes, como por ejemplo

"deportante"

compuesto por la raíz

"depor-"

y el sufijo

"*-tante*".

La raíz forma palabras como

"*deporte*" o "*deportivo*"

y el sufijo también puede encontrarse en muchas palabras como

"*excitante*",

sin embargo cuando ambos se juntan forman una "*pseudopalabra*" es decir, una palabra que no existe pero que cumple con todas las reglas ortográficas, fonológicas y morfológicas del español. Su estudio ha ofrecido pistas sobre la existencia de representaciones de morfemas en la memoria léxica de las personas.

El siguiente capítulo revisa otra manipulación experimental que consiste en trabajar con palabras que no se atienen a las reglas morfológicas, por ejemplo palabras como "*anduve*", que representa el pasado de forma irregular, puesto que su forma regular sería "*andé*", y que por tanto, constituye una clase de palabras sobre las que averiguar si su reconocimiento, o su producción, sufre algún tipo de operación especial distinta de la aplicación de reglas de adjunción de sufijos de pasado. Como decíamos antes, esta irregularidad es de tipo fonológico porque en la forma irregular varía la fonología de la palabra con respecto a la palabra base de la que parte, pero también hay una irregularidad semántica muy interesante para la investigación. En este caso un sufijo o un prefijo produce tal cambio en el significado de la raíz que parece tener poca relación con otras palabras de su misma familia morfológica. Así, por ejemplo, es fácil ver la relación semántica entre

"*boca*" y "*boquita*" o "*bocado*"

pero es más difícil verla entre

"*boca*" y "*bocazas*", "*bocadillo*", "*bocanada*"

El siguiente capítulo revisa los resultados obtenidos con una técnica que se ha utilizado profusamente en los últimos 30 o 40 años, la técnica de *priming*. Consiste en presentar una palabra llamada prime seguida de otra que llamamos target, con la intención de producir una influencia del procesamiento de la primera sobre el reconocimiento de la segunda.

Figura 2 Sucesión de pantallas en un experimento de priming con la respuesta al final, habitualmente una decisión léxica en la que hay que decidir si la cadena de letras presentada es una palabra.

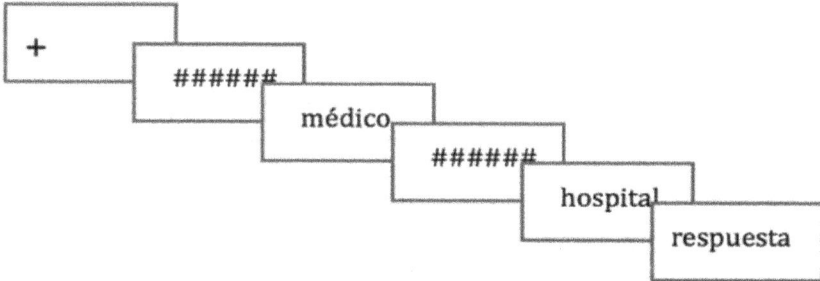

En función de los aspectos que compartan ambas palabras, fonológicos, morfológicos, semánticos, etc., del tiempo de presentación de la primera, y del modo de presentación, enmascarado o no, los resultados son distintos. Pues bien, se ha comparado el priming de la raíz de las palabras con el priming de dos palabras que comparten letras pero no la raíz, y la facilitación obtenida es bastante distinta en ambos casos. En el siguiente cuadro pueden verse algunos tipo de priming utilizados habitualmente en la investigación psicolingüística.

Tipos de priming

Tipos de priming	Prime	Target
Semántico	*enfermera*	*hospital*
Ortográfico	*casa*	*masa*
Morfológico	*silla*	*ensillar*
Silábico	*cama*	*cala*
Rima	*cerebro*	*macabro*
Palabra-dibujo	*casa*	
Interferencia palabra-dibujo	*perro*	
Enmascarado	#### *casa* #### (<64 ms)	*masa*
Consciente	>200 ms.	

Después veremos las pruebas basadas en la manipulación de la frecuencia de los morfemas. Sabemos que la familiaridad de los estímulos es uno de los factores que determina la rapidez de las tareas en los humanos. Tardamos muy poco tiempo en reconocer una foto de nuestro cantante preferido pero tardamos algo más en reconocer la cara de un parlamentario regional que hemos visto muy pocas veces. Con las palabras pasa lo mismo, las más familiares se reconocen más rápido. La variable *"frecuencia"* representa este valor de familiaridad en las palabras y se mide contando el número de veces que una determinada palabra aparece en textos escritos o en muestras de habla. Uno de los diccionarios de frecuencias más usados es el LEXESP (Sebastián-Gallés, Martí, Carreiras, y Cuetos, 2000), un corpus basado en el escrutinio de 5.629.279 palabras. A continuación se pueden consultar algunos enlaces donde se encuentran bases de datos muy fáciles de usar para medir la familiaridad y otras variables léxicas.

PRINCIPALES BASES DE PALABRAS EN ESPAÑOL CON SUS PÁGINAS WEB	
Diccionario de Frecuencias Léxicas del Español	http://www.uhu.es/jose.alameda/investigacion/plcl.htm
Base de datos NIM	http://psico.fcep.urv.es/utilitats/nim/index_esp.php
Base de datos ESPAL	http://www.bcbl.eu/databases/espal/index.php
Frecuencia Oral	http://link.springer.com/article/10.3758%2Fs 13428-011-0062-3
Normas de asociación de palabras	http://inico.usal.es/usuarios/gimc/normas/index_nal.asp
Edad de Adquisición e imaginabilidad de palabras base y derivadas	http://link.springer.com/article/10.3758%2Fs13428-015-0579-y
ONESC Frecuencia léxica y vecindad en niños	http://link.springer.com/article/10.3758/BRM.40.1.191

Pues bien, se han sometido a reconocimiento palabras que varían en su frecuencia léxica pero también palabras que varían en la frecuencia acumulada por todos los miembros de su familia morfológica, es decir, la frecuencia de la raíz. La idea es contrastar los tiempos de reacción sobre estas palabras que tienen la misma frecuencia individual pero que varían en su frecuencia morfológica. La intención es ver en qué medida el análisis morfológico juega un papel en el reconocimiento. Por ejemplo, si el interés es medir los procesos que tienen relación con los sufijos de género podemos jugar con palabras de distinta frecuencia de uso.

Figura 3 Palabras derivadas de "mesa", cuya frecuencia individual sería 870 pero cuya frecuencia acumulada de la raíz, en el hipotético caso de que todas sus derivadas fueran las que se presentan en el gráfico, sería de 1047. Las frecuencias fueron obtenidas del Diccionario de frecuencias del castellano escrito en niños de 6 a 12 años de Martínez-Martín y García-Pérez (2004).

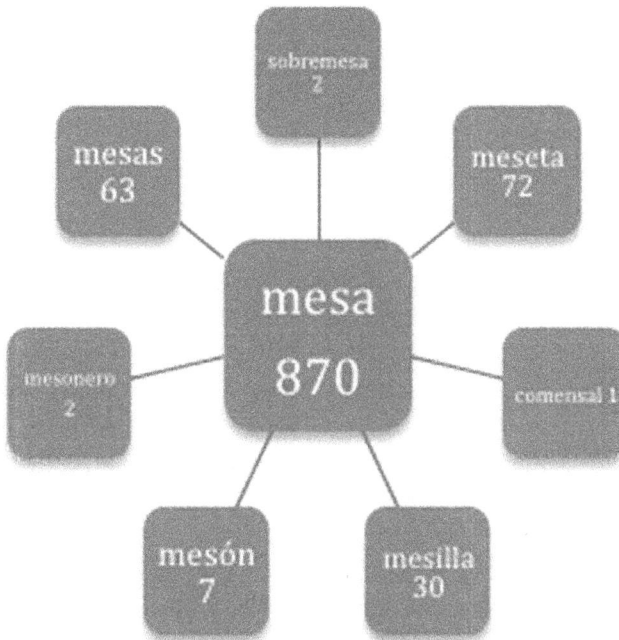

A continuación se describe en profundidad el modo de procesamiento del género en español, una clase de procesamiento flexivo que no existe en inglés y sobre el que podemos investigar en español. Como se trata de un subconjunto de fenómenos morfológicos muy acotado y las marcas de género en español son muy pocas, la manipulación experimental resulta más fácil. Veremos en qué medida la existencia de marcas como la –a para el femenino y la –o para el masculino permite determinar el género utilizando

17

sólo los sufijos y cómo en el caso de terminaciones más irregulares como –ón el modo de determinación del género gramatical puede cambiar.

Una de las funciones de la morfología es facilitar el procesamiento sintáctico de las oraciones, es decir, poner en relación y establecer jerarquías entre los sintagmas de la oración. Los morfemas flexivos que se añaden a los nombres y a los verbos ayudan a esta función a través de la concordancia puesto que dos palabras que mantienen una relación de dependencia sintáctica deben concordar en persona, en número, en tiempo, etc. Uno de los apartados de este libro dedica unas páginas a describir cuáles son los resultados experimentales en este ámbito de investigación.

Una vez ofrecida toda esta información basada en distintas manipulaciones de laboratorio abriremos un nuevo apartado en el libro dedicado a las posibles "aplicaciones" del procesamiento morfológico, es decir, qué utilidad pueden tener todos estos descubrimientos que hemos descrito hasta este punto.

Una de estas aplicaciones es muy teórica ya que veremos cómo las características morfológicas del español pueden servir para investigar sobre la naturaleza de una variable determinante de los procesos de reconocimiento de palabras: la Edad de Adquisición. Esta variable se refiere a la antigüedad de las huellas de memoria en nuestros diccionarios mentales: cuanto más temprana haya sido aprendida una palabra, menos nos va a costar reconocerla. Parece que esta variable podría estar determinada por la estructura de la morfología del español, caracterizada por mantener un cierto grado de irregularidad, como decíamos antes.

Otra de las aplicaciones de los estudios morfológicos es la investigación sobre posibles *diferencias en el procesamiento del lenguaje de hombres y mujeres*, lo que llamaremos género sexual para diferenciarlo del género gramatical que será mencionado también en este libro con frecuencia. Como hemos comentado antes parece que podrían existir dos modos de procesar las palabras morfológicamente complejas, uno sería a través de reglas y otro sería a través del acceso directo a la representación completa de la palabra en la memoria léxica de las personas. Algunos investigadores han propuesto que mientras las mujeres tienen unas excelentes capacidades de memoria y utilizan el procedimiento del acceso directo, los hombres, por el contrario, utilizan más frecuentemente las reglas para extraer el significado de las palabras.

Finalmente veremos cómo afecta a las personas la pérdida selectiva de uno de estos dos tipos de procesamiento, en tanto que como hemos dicho antes podemos contraponer la *anomia* con el *agramatismo*, dos patologías cerebrales producidas por un distinto daño cerebral que podemos utilizar como experimentos naturales para falsar esta disociación doble entre reglas y acceso directo. Una propuesta teórica de carácter chomskiano que intenta dar cuenta del agramatismo es la del "*árbol truncado*" y la describiremos también en esta última parte del libro. Acabaremos proponiendo algunas pruebas de evaluación que nos permitirán descubrir el nivel morfológico de procesos en los que el árbol sintáctico de los pacientes agramáticos se encuentra "*cortado*", con una utilidad práctica evidente en la evaluación de este tipo de trastornos afásicos.

AGRAMATISMO

Trastorno expresivo o de producción del habla caracterizado por la omisión de morfemas gramaticales, producción de frases simples y cortas, omisión o nominalización de las formas verbales y dificultades en el orden de las palabras. Además puede haber problemas de comprensión asintáctica, de articulación y prosódicos. También es conocido por el nombre de afasia de Broca o habla telegráfica. Habitualmente es un daño producido por una ACV, un traumatismo o un tumor que afecta al área frontal inferior izquierda, específicamente al área de Broca (Caramazza y Berndt, 1985).

ANOMIA

Es un trastorno afásico en el que la dificultad principal se encuentra en el recuerdo de las palabras y los nombres. El habla es fluida y no hay problemas de comprensión. Para sobreponerse al problema usan circunloquios y dan rodeos para definir la palabra que buscan, otras veces la sustituyen por otras que se le parecen fonológicamente o semánticamente. Parece que podría haber anomias específicas para objetos y no para seres vivos y al revés. El daño cerebral que produce estos efectos suele estar menos localizado que en la anomia de Broca y en todo caso afecta más al lóbulo temporal y al parietal (Cuetos, 2003).

2 Pseudopalabras

Uno de los recursos más utilizados para investigar el procesamiento morfológico de palabras es el uso de pseudopalabras formadas a partir de una raíz existente y un prefijo, o un sufijo, también reales, pero que al combinarse forman una serie de letras sin sentido, como por ejemplo en

"*papelizo*",

donde "*papel*" existe, y puede aparecer en palabras morfológicamente complejas, como

"*papelito*" o "*papeleta*"

y también el sufijo

"*-izo*"

existe, como en

"*cast-izo*" o "*primer-izo*",

pero cuando se juntan forman una pseudopalabra. Pues bien, Taft y Forster (1975) vieron que estas pseudopalabras tenían tiempos de reconocimiento más largos que otras palabras no estructuradas morfológicamente, por ejemplo "*matepo*", que cumple con las reglas de construcción de palabras del español, es decir, es fonotácticamente y ortotácticamente legal, pero no existe.

Si el sistema de reconocimiento de palabras utiliza unidades como los morfemas para acceder al léxico, parece razonable que cuando se encuentra con una pseudopalabra formada por una raíz más un prefijo real, como "*rejuvenate*" *(en inglés),* emplee más tiempo para producir una respuesta negativa que si la nopalabra carece de estructura morfológica como en "*repertoire*" (Taft y Forster, 1975). La raíz "*juvenate*" existe en inglés y combinada con el prefijo re- forma la pseudopalabra "*rejuvenate*", sin embargo "*pertoire*" no es una raíz real en inglés y de- en esa pseudopalabra no es un prefijo. Ambas son pseudopalabras, y en una tarea de decisión léxica, cuando se presentan mezcladas con palabras, para que los participantes decidan si existen, los resultados son distintos en función de que contengan una raíz real o no. Este resultado puede ser interpretado en el sentido de que

21

nuestro diccionario mental se encuentra estructurado morfológicamente, debe contener raíces de palabras, de tal modo que cuando nos encontramos con *"rejuvenate"* se activa la raíz *"juvenate"* y la respuesta que tiende a dar el participante es afirmativa: *"sí, es una palabra"*, sin embargo debe inhibir rápidamente esa respuesta porque lo correcto es contestar que NO lo es. Sin embargo, *"pertoire"* no activa ninguna raíz ni palabra en nuestro léxico por lo que el tiempo para decir NO se acorta con respecto a *"rejuvenate"*. Los tiempos para ambas pseudopalabras serían similares a los que aparecen en la siguiente tabla:

Palabra	Respuesta	Tiempo de reacción
rejuvenate	NO	769
repertoire	NO	727

Resulta, pues, evidente que este hallazgo apoyaría una segmentación de las palabras en sus morfemas componentes. Es cierto que estos experimentos iniciales carecían de una rigurosidad experimental que después vino a ser contemplada por otros. La similitud de los estímulos con palabras reales no estaba controlada ni en el trabajo de Taft y Forster (1975) ni en otro posterior de Henderson, Wallis & Knight (1984) que obtuvieron las mismas diferencias. La similitud con palabras era más alta en la condición de pseudopalabras con morfemas reales que en la condición de control, lo cual podría estar dando cuenta del efecto de una manera alternativa, es decir, no es la estructura morfológica de las palabras la que determina unas latencias de respuesta más largas, sino la cantidad de activación léxica que se generaba a partir de pseudopalabras como *"rejuvenate"* que activaba palabras como *"rejuvenation, rejuvenated"* mientras que *"depertoire"* no activaba tantas palabras en la memoria. Así *"rejuvenate"* consumía mucho tiempo en resolver toda esa activación léxica generada, de manera que la respuesta se retrasaba, no por causas morfológicas, sino por el mero parecido ortográfico. Ambas categorías de estímulos debieron emparejarse en cuanto al número de vecinos léxicos.

Figura 4 Algunos vecinos ortográficos de la palabra "casa". Se obtienen cambiando una letra de la palabra en cualquier posición. El número total de palabras que se obtienen por este procedimiento se conoce como N de Coltheart y es un índice del parecido ortográfico-visual de las palabras con el resto de palabras del léxico.

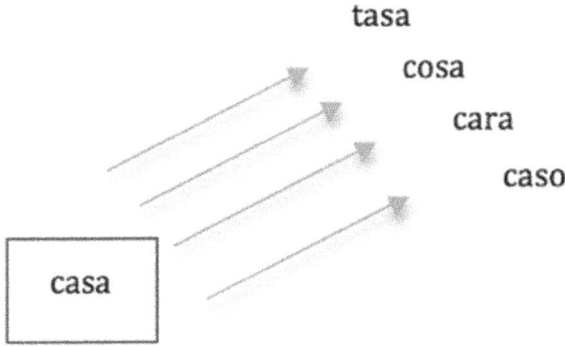

tasa

cosa

cara

caso

casa

Esto es lo que hicieron después varios investigadores volviendo a obtener resultados similares a los de Taft y Forster. En italiano se obtenían mayores tiempos de reacción para pseudopalabras como *cant-evi*, con una raíz existente y un sufijo real, frente a *cant-ovi*, con una raíz real pero un sufijo inventado (Caramazza, Laudanna & Romani, 1988; Burani, Dovetto, Thornton y Laudana, 1999).

Estos resultados son consistentes con los de McKinnon, Allen y Osterhout (2003) quienes vieron que los potenciales evento-relacionados (ERPs) producidos por palabras morfológicamente complejas eran similares a los producidos por pseudopalabras estructuradas morfológicamente, sugiriendo que ambos producían un análisis similar de su estructura morfológica. Más recientemente se ha comprobado que las pseudopalabras compuestas por una palabra y una nopalabra, como en italiano *"drillococco"*, producían una N400 más negativa que la producida por pseudopalabras compuestas por dos palabras existentes, como *"spadapesce"* (El Yagoubi, Chiarelli, Mondini, Perrone, Danieli y Semenza, 2008). Según este trabajo la presentación de palabras incluidas en pseudopalabras produciría un acceso al léxico parecido al de las palabras, y esto las diferencia de las pseudopalabras no compuestas por palabras. Las palabras con afijos (*bound-stem words*) como *"desarbolar"*, así como las pseudopalabras formadas por raíces y afijos reales (*bound-stem nonwords*) como *"biarbolar"* y las palabras monomorfémicas como *"árbol"* son más positivas que las nopalabras de control como *"ártol"*, que producen un pico más negativo en N400, un componente negativo que se relaciona con las dificultades de acceso al significado de las palabras.

Estos resultados fueron validados por Meunier y Longtin (2007) cuando vieron que una palabra era facilitada por una pseudopalabra morfológicamente relacionada en la misma medida que lo era por una palabra morfológicamente relacionada.

Tipo de Prime	Prime	Target	Resultado
Pseudopalabra morfológicamente relacionada	rapidifier	rapide	Facilitación
Palabra morfológicamente relacionada	rapidement	rapide	Facilitación
Pseudopalabra no morfológica	rapiduit	rapide	No facilitación

Manipulación experimental llevada a cabo por Meunier y Longtin (2007). Una pseudopalabra morfológicamente estructurada facilita el reconocimiento tanto como una palabra y no ocurre así cuando la relación es meramente ortográfica y el sufijo es inventado.

Todos estos datos suponen un apoyo a la descomposición morfológica preléxica obligatoria, es decir, un apoyo a que antes de reconocer la palabra la descomponemos en sus morfemas y accedemos por separado a su significado, componiendo después el significado total de la palabra. Ahora bien, no todos los datos coinciden en esta apreciación. Por ejemplo, si defendemos un modelo en el que la descomposición morfológica sea obligatoria (Taft y Forster, 1975), la operación de segmentación de las palabras morfológicamente complejas debería tener un costo: las palabras monomorfémicas deberían consumir menos tiempo que las polimorfémicas. Una palabra prefijada como *re-cubrir* necesitaría más tiempo que otra pseudoprefijada (que empieza también por las letras *re-* pero no constituyen un prefijo) como *regata*. O también requeriría más tiempo una palabra sufijada como *corriendo* que una pseudosufijada como *estruendo*. Sin embargo no parece haber diferencias entre las palabras polimorfémicas y las monomorfémicas (Manelis y Tharp, 1977) e incluso pueden ser más fáciles de reconocer las prefijadas (Henderson, Wallis y Knight, 1984).

Estos últimos resultados no apoyan un modelo de segmentación morfológica obligatoria. Las características especiales de las pseudopalabras pueden hacer obligatorio un proceso de segmentación morfológica que para las palabras se produce sólo en determinadas circunstancias, por ejemplo cuando la palabra es morfológicamente regular y poco familiar (Caramazza, Laudanna y Romani, 1988; Chialant & Caramazza, 1995). Como vemos, aunque existen datos discrepantes, los datos a favor del procesamiento preléxico son muy numerosos, pero requieren evidencias que provengan de otro tipo de manipulaciones para poder recibir un apoyo definitivo. Por otra parte estamos viendo que las características de los estímulos presentados, tanto de las palabras como de las pseudopalabras, pueden determinar el uso de estrategias morfológicas o no. Esto sugiere el uso de un modelo de vías alternativas que se disparan al mismo tiempo pero que producen efectos con distinta velocidad en función de esas características del estímulo. Probablemente si la palabra es muy familiar, por mucho que esté compuesta por varios morfemas, su reconocimiento será directo y no se hará sobre ella ningún tipo de descomposición. Las pseudopalabras compuestas por morfemas son los estímulos más propensos a la descomposición puesto que no son nada familiares como un todo, pero sin embargo, sus partes internas son muy llamativas y significativas para el lector o el oyente.

Figura 5 Modelo Augmented addressed morphology (AAM) de Caramazza, Laudanna, y Romani (1988).

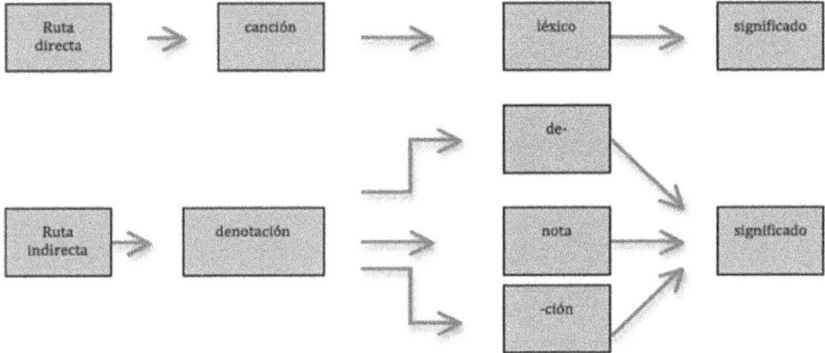

3 Procesamiento de palabras irregulares

3.1 Irregularidad morfofonológica

La regularidad morfológica implica que las formas compuestas a partir de una misma raíz deben conservar su expresión ortográfica. Así por ejemplo, *papelera* es una forma regular porque no hay variación ortográfica respecto de la forma base *papel*. Sin embargo es irregular la forma *acueducto* respecto a la forma *agua*. Para acceder a *acueducto* es inútil utilizar criterios de similitud ortográfica con la raíz y es mejor almacenar las dos formas por separado en el léxico. No así para la palabra *papelera* cuya raíz puede ser identificada sin problemas y el sufijo también. Así se segmentará adecuadamente, se accederá al significado de cada morfema y se compondrá el significado total de la palabra. La utilidad es clara cuando los morfemas son más frecuentes que la palabra completa y conservan su regularidad, por lo tanto ya tenemos dos criterios que facilitan el acceso al léxico a través de los morfemas, el primero, al que me refería en el apartado anterior, consiste en valorar la familiaridad del estímulo completo frente a la familiaridad de los morfemas que están dentro del mismo, y la segunda, consistirá en tener en cuenta la posibilidad de que, debido a su irregularidad, la palabra exija una representación léxica en la memoria del hablante o del lector. Es debido a estos dos criterios que los modelos duales, como el AAM, apuestan por dos rutas, ya que las formas regulares se procesarían morfológicamente mediante reglas de composición, ruta indirecta, mientras que las irregulares serían almacenadas y accedidas directamente en la memoria léxica, ruta directa. Este tipo de palabras irregulares, por suponerse que están representadas en memoria creemos que pueden estar más afectadas por variables como la frecuencia, la familiaridad o la edad de adquisición, una variable, esta última, que ordena las representaciones léxicas según su antigüedad, mientras que las regulares, por procesarse a través de reglas, estarán menos afectadas por esta variable.

Palabra base	EdA	I	Frec	Fr	Palabra derivada	EdA	I	Frec	Fr
abierto	2,222	6,12	3,275	141	abertura	4,56	6,03	1,857	13
agua	1,306	6,96	4,017	793	acueducto	4,96	7,03	1	1
agua	1,306	6,96	4	793	acuífero	5,56	6,44	0	1
aire	2,417	4,84	3,668	576	aéreo	3,84	6,06	2,767	5
almorzar	2,361	6,44	3,09	25	almuerzo	2,29	7,28	3,328	39
antiguo	3,5	5,68	3,11	174	anticuario	5,81	6	1,23	8
oído	2,417	6,84	3,66	214	auditorio	4,46	7,56	1,949	8
boca	1,528	6,88	3,759	400	bucal	4,93	5,82	1,919	2
cien	3,333	6,52	3,203	128	centena	4,12	5,345	0,699	1
cien	3,333	6,52	3,203	128	centenario	4,81	4,794	1,079	25
cierre	2,833	5,16	2,953	15	cerradura	3,07	7,706	2,537	34

Ejemplos de palabras base con sus derivadas fonológicamente irregulares. EdA= Edad de Adquisición, I=imaginabilidad, Frec=frecuencia hablada de subtítulos, Frecuencia léxica impresa

La irregularidad morfológica se ha trabajado de manera extensa con verbos del *past tense* inglés. El debate gira entorno a la idea de comprobar si existen diferencias en el procesamiento de formas regulares e irregulares. Habitualmente se ha utilizado la técnica de priming para medir esas diferencias. Los resultados suelen indicar que "*walked*", una forma regular facilita el procesamiento de la raíz, "*walk*", mientras se observa una reducción de la facilitación, o ninguna facilitación, entre una forma irregular como "*drove*" y su correspondiente base "*drive*" (Napps, 1989; Stanners, Neiser, Hernon & Hall, 1979; para priming intermodal véase Marslen-Wilson, Hare y Older, 1993). Aunque habría también estudios en italiano que no encuentran diferencias entre ambos tipos de formas (Orsolini y Marslen-Wilson, 1997). Sin embargo, muy recientemente Crepaldi, Berlingeri, Paulesu y Luzzatti (2011) encontraron priming entre palabras prime irregulares y sus bases, y esto incluso cuando se controlaba la pertenencia de las palabras irregulares a determinados subgrupos de sub-regularidad (i.e. *bleed, feed, meet*). La irregularidad de los verbos ingleses, como la del español, no es una cuestión de todo o nada, existen grupos de verbos que tienen el mismo tipo de irregularidad, con lo cual ésta se convierte, en realidad, en una forma secundaria de regularidad, no se mantiene el sonido de la raíz pero, como hay muchas formas de verbos que siguen el mismo patrón es fácil, de alguna manera, establecer una regla que ponga en relación la raíz con la flexión irregular. En español esto es fácil de ver en verbos que diptongan a partir de su raíz, por ejemplo:

segar-siego,
regar-riego,
merendar-meriendo,
pensar-pienso
sentir-siento
sentar-siento
contar-cuento
acordar-acuerdo
soñar-sueño
colar-cuelo
adquirir-adquiero

La experiencia con estas formas hace que el hablante maneje estas formas irregulares como si fueran regulares, porque, en realidad, es muy fácil relacionar la forma *siego* con su infinitivo. Muy distinta resulta la relación morfológica entre formas como *"ser-soy"* o *"ser-era"*, donde la irregularidad es más radical. Aún así, en este trabajo, los efectos morfológicos no pueden ser explicados en función del grado de parecido ortográfico, ya que manteniéndolo controlado sigue produciéndose una facilitación morfológica comparando con un priming ortográfico en el que no está implicada la raíz. Los autores defienden la existencia de un nivel morfológico de lema, a un nivel abstracto, que sería independiente de la irregularidad de los ítems.

La técnica de Emisión de Positrones ha permitido observar que al producir el pasado de verbos regulares e irregulares las áreas cerebrales y la cantidad de activación cortical producida para cada clase de estímulos es significativamente diferente: temporal inferior izquierda para las formas irregulares y frontal superior para las regulares (Jaeger, Lockwood, Kemmerer, Van Valin, Murphy y Khalak, 1996). Otros estudios han encontrado áreas distintas para formas regulares e irregulares con la técnica de *Event-Related Brain Potentials* (ERPs), aunque las áreas no son siempre coincidentes (Penke, Weyerts, Gross, Zander, Münte y Clashen, 1997; Weyerts, Penke, Dohrn, Clashen y Münte, 1997). En el trabajo de Penke y col. (1997) la activación de las formas regulares es mucho más focalizada y se sitúa en el frontal inferior izquierdo. La activación de las formas irregulares, sin embargo es más distribuida y afecta también a las áreas temporoparietales. También se han visto diferencias en latencia de los componentes electrofisiológicos, o sus picos, en diversos estudios que han utilizado como estímulos participios regulares o irregulares (Weyerts et al., 1996; Munte et al. 1999; Rodríguez-Fornells et al. 2002). Asimismo se ha observado una reducción de la onda N400 cuando se hace un *priming* con formas verbales regulares y no se obtiene tal efecto con verbos irregulares. En pacientes afásicos se han encontrado disociaciones dobles para verbos regulares e irregulares cuando se les somete a la técnica de priming intermodal (Marslen-Wilson y Tyler, 1997, 1998) o a tareas de producción verbal (Cuetos, Domínguez, Baauw y Berthier, 2007).

3.2 Irregularidad morfosemántica: transparencia

Otra forma de irregularidad morfológica es aquella en la que la palabra derivada se ha alejado tanto del significado de la raíz que no parece mantener relación morfológica. Es el caso, por ejemplo, de palabras como *"carnaval"* en relación a la palabra base *"carne"* o *"circo"* en relación a *"círculo"* o *"comunista"* en relación a *"común"*.

Base	Ed	I	Fr	F	DT	Ed	I	Fr	Fre	D O	Ed	I	Fr	F
acceder	4,7	5,5	2,7	32	accesible	5,1	3,6	1,9	3	accesorio	4,1	5,2	1,7	2
actual	4,2	5,7	2,9	214	actualidad	4,3	4,3	2,2	107	actualizar	4,9	2,9	1,8	3
actuar	3,3	6,3	3,3	50	acto	4,3	4	3,2	213	acta	5,8	4,4	2,3	7
amar	2,8	5,7	2,9	48	amante	4,8	5,9	3,1	83	amable	2,6	4,7	3,5	57
andar	1,9	8	3,1	136	andador	4,1	5,8	1,4	1	andamio	4	6,7	1	3
animal	1,4	7,5	3,3	206	animalada	4,5	4	0	1	ánima	5,6	2,2	0,7	4
apartar	3,3	6,1	1,8	23	apartado	3,8	4,3	2,2	44	apartamento	3,4	6,4	3,5	6
aplicar	4,3	5,3	2,1	30	aplicado	4,5	4,4	1,6	23	aplique	5,5	3,3	1,4	4
arca	4,3	6,7	2,4	21	arcón	5,6	5,5	1,3	6	arqueta	6,4	4	0	2
arder	3,4	7,3	2	8	ardor	4,4	4,4	1,7	17	arduo	6,2	2	1,7	12
armar	3,3	6,5	2,6	15	armada	4,6	4,9	2,8	22	armario	2,4	7	3,1	76

Algunas palabras derivadas transparentes y opacas junto a la palabra base de la que proceden. Han sido tomadas de la base de datos de Davies, S.K., Izura, C., Socas, R., & Domínguez, A., (2015). Se ofrece la Ed=Edad de Adquisición, la I=imaginabilidad, la Fr=frecuencia léxica hablada (subtítulos) y la F=frecuencia léxica impresa. DT=palabras derivadas transparentes; DO= palabras derivadas opacas.

En la misma lógica, explicada antes para la irregularidad fonológica, es muy probable que estas palabras morfológicamente OPACAS hayan de estar explícitamente representadas en la memoria léxica, como podría suceder con *"acta"* en relación a *"actuar"* o *"amable"* en relación a *"amar"*, mientras que aquellas otras, como *"acto"*, o *"amante"*, por ser semánticamente transparentes, pueden identificarse mediante la interpretación y composición del significado de la raíz más el afijo. Un trabajo de Meunier y Longtin (2007) demuestra que la posibilidad de interpretar pseudopalabras semánticamente determina los tiempos de reacción con la técnica de priming. El prime usado podía no tener ningún sentido como en *"sportation"* formado por la raíz *"sport"* y el sufijo *"–tation"* o podía extraerse de él un significado como en el caso de *"cuisineur"*, una pseudopalabra que puede ser entendida con el significado de la palabra real *"cusinier"*. Los resultados mostraron que sólo cuando el prime tiene un significado transparente se produce una facilitación del target. Estos resultados demuestran que la extracción del significado es un proceso que está mediado por la descomposición previa de los morfemas que forman el estímulo. En otros experimentos que usan priming semántico con palabras se demuestra que, si el tiempo de exposición del prime es suficiente para un reconocimiento consciente, la cantidad de facilitación depende de la transparencia semántica entre el prime y el target, es decir, es mayor cuanto más transparente es esa relación (Frost, Deutsch y Forster, 2000). No está tan clara esta gradación cuando se utiliza un priming enmascarado. Es claro que cuando el prime se presenta de manera inconsciente la influencia semántica suele ser nula. Sin embargo se ha obtenido facilitación entre pares de palabras relacionadas morfológicamente cuando su relación semántica es opaca como sucede en pares tipo *corner-corn*, y esta facilitación es superior a la obtenida en pares con relación meramente ortográfica (Lavric, Clapp y Rastle, 2007; Marslen-Wilson, Bozic y Randall, 2008; Diependale, Sandra y Grainger, 2009). Aunque no siempre se obtiene esta ventaja, puesto que Diependale, Duñabeitia, Morris y Keuleers (2011) obtuvieron una facilitación similar para pares relacionados morfológica y semánticamente (*walker-walk*) que para pares sólo relacionados morfo-ortográficamente (*corner-corn*) y para pares sólo relacionados ortográficamente (*brothel-broth*).

31

Figura 6 Pantallas sucesivas en un procedimiento de priming enmascarado. En cada pantalla aparece el tiempo de presentación de cada estímulo. Las filas de símbolos son las máscaras pre y postestimulares que sirven para que el participante no sea consciente de la presentación del estímulo prime "corner" que, sin embargo, se pretende que influya sobre el target "corn".

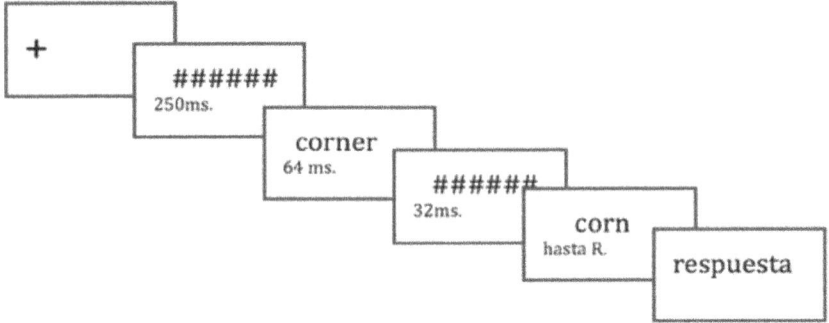

En cualquier caso parece que los resultados, cuando se manipula la relación semántica entre las palabras morfológicamente relacionadas, varían en función de las tareas requeridas a los participantes. Feldman y col. (2009) realizaron una revisión de 18 trabajos experimentales en los que se manipulaba la relación semántica con la técnica de priming enmascarado y los resultados no mostraban diferencias en la facilitación producida por los pares transparentes respecto de los pares opacos, con lo cual sospechamos que la presentación muy breve y enmascarada del prime no permite un acceso al significado que permita tener en cuenta las diferencias entre unos pares y otros.

Figura 7 No se encontraron diferencias medias de facilitación entre priming morfológico transparente y opaco en los 18 estudios de priming enmascarado estudiados por Feldman et al. (2009). El priming transparente producía una facilitación media de 28,83 ms. similar a la facilitación media de 22,72 ms. obtenida con el priming con pares opacos. En todos los casos se trataba de priming enmascarado con una duración del prime entre los 36 ms. en el experimento más corto y 72 ms. en el más largo.

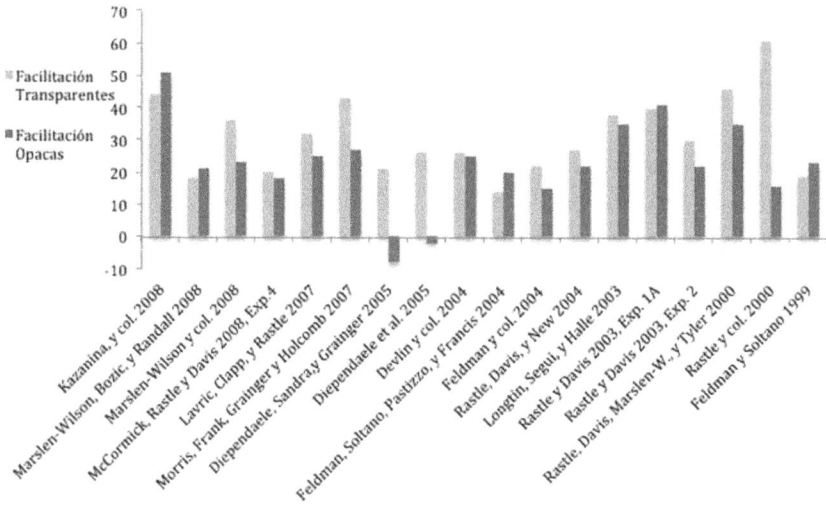

Los mismos autores (Feldman y col., 2009), sin embargo, llevaron a cabo un experimento en el que se manipulaba la relación semántica entre una palabra prime y una palabra target morfológicamente relacionadas. En unos casos la relación era transparente como en el caso de *coolant-cool* y en otras opaca como en el caso de *rampant-ramp*. Mientras que en los trabajos precedentes siempre se había obtenido facilitación, dependiendo de la cantidad de relación semántica, y siempre con una presentación larga del prime, en el trabajo de Feldman se obtuvo el mismo resultado pero con una presentación del prime de 50 milisegundos y un enmascaramiento proactivo (una línea de símbolos justo antes de la presentación del prime). Este resultado apoya una falta de independencia entre los procesos morfoortográficos y los morfosemánticos ya que estos últimos intervendrían en el proceso de reconocimiento desde los primeros milisegundos de exposición al estímulo. Así, la descomposición morfológica dependería, desde el

33

principio, de la interacción entre procesos ortográficos (fonológicos para el caso de la percepción del habla) y procesos semánticos.

Tipo de Prime	Trans	Opac
No relacionado	632	652
Relacionado	602	648
Facilitación	30*	4

En el experimento de Feldman, Oconnor y del Prado, 2009, se obtiene una facilitación significativa de 30 ms. sobre la condición no relacionada cuando la relación entre prime y target es transparente pero no se obtiene ninguna facilitación cuando la relación es opaca.

La puerta queda abierta a la cuestión de si los procesos morfológicos son reducibles a un computo de ortografía + significado, o por el contrario los procesos de segmentación son ineludibles para el reconocimiento. Pero en todo caso también podría interpretarse que los procesos semánticos intervienen muy rápido, de manera preléxica en la determinación del tipo de procesos a llevar a cabo, morfológicos, si existe relación semántica fiable con una familia morfológica determinada y no morfológicos, meramente ortográfico-fonológicos si no existe.

4 Priming morfológico

En línea con los trabajos de priming con verbos regulares e irregulares nosotros hemos tratado de observar los efectos de la regularidad con nombres utilizando dos tipos de estímulos en español tanto con tiempos de reacción (Domínguez, Cuetos & Seguí, 1999) como con la técnica de ERPs (Barber, Domínguez & De Vega, 2002; Dominguez, De Vega y Barber, 2004). Una de las condiciones incluye palabras formadas por una raíz y un sufijo de género como "*loc-a*" que actuaba como prime, mientras que el target es la misma raíz con el sufijo del género opuesto, en este caso el masculino, "*loc-o*". Este priming puede ser asimilado a los pares de estímulos con formas regulares del *past-tense* en inglés, puesto que a partir de una raíz se permite, añadiendo –*a* o –*o*, obtener su femenino o su masculino. La segunda clase de estímulos estaba formada por una raíz, que igualmente llevaba un sufijo de género, como "*foc-a*" pero que carece de género opuesto en español y, si mediante una regla se le añade un sufijo –*o*, se obtiene una palabra sin relación morfológica y/o semántica con la primera, tal como *foco*. Es decir, son palabras homógrafas de la raíz según la definición de Laudanna, Badecker & Caramazza (1989), palabras que mantienen una raíz ortográficamente igual pero que sin embargo son raíces diferentes. Es obvio que por la propia definición de los estímulos, los homógrafos de la raíz exigen un almacenamiento separado para cada forma. Sin embargo, las formas regulares como *loc-a*, podrían ser alcanzadas a través de un procedimiento de aplicación de reglas.

Nuestro objetivo era observar, a través de tres intervalos temporales distintos (32, 64 y 250), si existía un comportamiento distinto de ambos tipos de materiales. Los resultados mostraron que en el SOA (*Stimulus Onset Asynchrony* – separación temporal entre los estímulos) más corto ambos estímulos producían la misma cantidad de facilitación. Sin embargo en el SOA intermedio, la cantidad de facilitación de la condición morfológica dobla la facilitación de los pares homógrafos y en el SOA más largo continúa la facilitación significativa de los pares morfológicos, pero se ha producido una tendencia a la inhibición en los pares de homógrafas. Como puede verse en la figura estos efectos se medían sobre los tiempos producidos en una condición en la que las palabras presentadas no mantenían ninguna relación ni ortográfica, ni morfológica, ni semántica.

Figura 8 Facilitación neta según el tipo de priming y el intervalo temporal entre la aparición del prime y la del target.

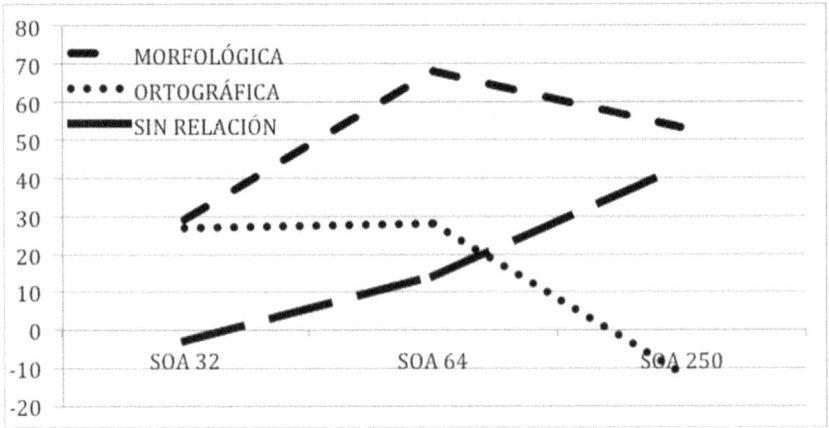

La técnica de priming nos ofrece una fotografía del curso de activación de los estímulos en función de la relación entre el prime y el target. En el SOA más corto ambos targets se ven facilitados en la misma medida ya que debe estar procesándose la ortografía de la palabra y en este aspecto ambos tipos de priming son similares, por eso se reconocen 30 milisegundos antes que los pares sin relación. Un poco más tarde la cantidad de facilitación obtenida por la condición morfológica supera con mucho a la de los homógrafos, llegando casi a los 70 milisegundos, puesto que la relación morfológica incluye un solapamiento semántico a la vez que el ortográfico. Finalmente, a los 250 ms. la inhibición ortográfica, señalada por el retraso de más de 10 milisegundos por debajo de la línea base no relacionada, viene a indicar que la vía morfológica debe ser desechada para el procesamiento del target ya que el prime realmente no está relacionado morfológicamente con el target.

Al utilizar la técnica de ERPs con estímulos de las mismas características la negatividad que se obtiene alrededor de los 400 ms., que se denomina N400, se obtenía para pares de palabras sin ninguna relación entre ellos ni ortográfica ni semántica. Por el contrario las ondas correspondientes a los pares con relación ortográfica (*foca-foco*) y los relacionados morfológicamente (*loca-loco*) mostraron una reducción significativa temprana en su negatividad y sólo empezaron a diferir a partir de los 350 ms. En ese punto las ondas de los pares ortográficos comenzaron una tendencia negativa sostenida con un pico entre los 550 y los 650 ms. Sin embargo los pares relacionados morfológicamente no mostraban esta negatividad (Barber, Domínguez & De Vega, 1999; Dominguez, De Vega y Barber, 2004).

Estas diferencias, como en el caso de las investigaciones inglesas del past-tense, podrían apoyar el modelo dual de tratamiento de las palabras morfológicamente compuestas. Sin embargo habría que intentar conocer si los modelos conexionistas de una sola vía permiten explicar todas estas diferencias desde su punto de vista de representación completa de todas las formas léxicas. La pregunta es ¿pueden las diferencias de cantidad de priming para estímulos morfológicamente regulares e irregulares ser explicadas en un modelo que sólo computa características ortográficas y semánticas de las palabras? A primera vista la respuesta sería afirmativa porque la reducción en la cantidad de priming para las formas irregulares podría ser debida a las diferencias de solapamiento ortográfico y semántico entre prime y target respecto de las formas regulares. El solapamiento ortográfico entre *"drive"* y *"drove"* es menor que entre *"walk"* y *"walked"*, y un modelo conexionista que compute sólo rasgos ortográficos y semánticos produciría la misma reducción de priming para los verbos irregulares que para los regulares. En nuestro caso *"loco"* y *"loca"* comparten exactamente el mismo número de letras y en la misma posición que *"foco"* y *"foca"*, pero en los pares regulares la descripción ortográfica del prime es una información válida para acceder al significado y no ocurre así en los pares irregulares, lo que produce una reducción del efecto e incluso una tendencia a la inhibición a SOAs largos.

Algunos trabajos de priming se han ocupado directamente de tratar este problema utilizando pares de estímulos como los homógrafos, cuya raíz tiene la misma descripción ortográfica aunque no están relacionados ni morfológica ni semánticamente, y otros pares en los que hay un solapamiento ortográfico igual pero no a nivel de raíz. Laudana, Badecker y Caramazza (1989) vieron que un priming con palabras cuya raíz es ortográficamente idéntica pero semántica y/o gramaticalmente diferente como sucede con *"portare"* (llevar)- *"porte"* (puerta) en italiano producía decisiones léxicas más lentas, que pares de palabras cuya raíz era ortográficamente diferente como en *"coll-o"* (garganta)/*"colp-o"* (chupar). El mismo resultado inhibitorio con homógrafos de la raíz se obtiene en español (Allen y Badecker, 1999).

Estos resultados han sido interpretados como una prueba a favor de los modelos que defienden un acceso y una representación léxica basada en el morfema, invalidando explicaciones de ruta única basadas en el cómputo de letras. Efectivamente, si existe una inhibición significativamente mayor cuando *"mor-ía"* (la primera y tercera persona del pasado singular) facilita a *"mor-os"* (condición de *stem homograph*) que cuando *"moral"* prima a *"mor-os"* (condición ortográfica) hay que suponer dos cosas. Primero, que se ha utilizado una representación ortográfica que corresponde a una raíz para acceder al léxico, en este caso *"mor-"* y, segundo, que como esta representación ortográfica corresponde a dos raíces distintas (una relativa a *"muerte"* y otra relativa a *"raza* o *etnia"*) se produce un enlentecimiento de las respuestas por competición entre las dos representaciones.

No está nada claro qué clase de subprocesos y qué naturaleza, ortográfica, morfológica, semántica, tienen lugar en uno y otro tipo de priming morfológico y ortográfico que llevan a una inhibición mayor en el primero que en el segundo. Tanto los trabajos en italiano como el trabajo de Allen y Badecker en español han escogido para sus explicaciones el modelo de procesamiento morfológico de Caramazza, Miceli, Silveri y Laudana (1985), Caramazza, y col. (1988), el *Augmented Addressed Morphology (AAM)*. En este modelo se asume que las entradas almacenadas en el léxico de input ortográfico están representadas como una secuencia estructurada cuyo primer elemento es la forma ortográfica de la raíz, seguida de todos los rasgos gramaticales asociados a esta forma. Como las entradas para *"moría* y *moros"* tienen la misma forma ortográfica, son formas homógrafas, se produce la competición o inhibición entre ellas.

Sin embargo, el trabajo de Allen y Badecker (1999) va más allá de intenta saber si la naturaleza de las representaciones que existen en el léxico es ortográfica o si por el contrario es necesario postular otro nivel de representación de orden morfológico (M-level) en el que las entradas no mantengan representaciones ortográficas (formales) sino representaciones morfológicas abstractas sin expresión ortográfica concreta. Este nivel sería necesario para distinguir entre raíces homógrafas y además permitiría utilizar la misma puerta de acceso para distintas representaciones ortográficas de la misma raíz, como es el caso de los *past tense* irregulares en inglés.

Para poner a prueba esta hipótesis llevaron a cabo un experimento en el que un target como *"ol-as"* era primado por un homógrafo como *"huele"* (tercera persona de singular del presente del verbo *"ol-er"*. *"Hue-le"* es una forma verbal del verbo *"ol-er"*, cuya raíz *"ol-"* es homógrafa de la raíz de "*ol-as*". Si la inhibición obtenida para los homógrafos "*mor-ía/mor-os*" es de carácter abstracto y se sitúa en un nivel M se espera que en el caso de los homógrafos "*huele*" inhiba a "*ol-as*", pero que "*duele*" (tercera persona del singular del presente del verbo "*doler*" no inhiba a "*ol-as*". "*Huele*" y "*duele*" tienen el mismo parecido ortográfico con "*olas*" y sin embargo sólo el primero lo inhibe. El curso de activación para un homógrafo, es decir, para una forma flexiva cuyo aspecto fonológico y ortográfico ha cambiado desde la forma base (*ol-er*) sería el siguiente: primero se activarían las formas ortográficas similares a *huele* en el léxico de input ortográfico (*huelen, huelo, huero, hueco, huevo*., por ejemplo) y después se activarían en el nivel M, el llamado por Allen y Badecker nivel morfo-sintáctico-semántico, todas las formas relacionadas morfológicamente con la presentada independientemente de su aspecto superficial (*huel-en, ol-er, ol-ían, huel-o, olor, ol-as*, etc.).

En este marco la inhibición obtenida sobre el target "*mor-os*" cuando el prime es "*mor-ía*" habría que situarla en el nivel abstracto M y no en el nivel ortográfico, como postula el modelo Aumented Addressed Morphology. Sin embargo, la inhibición de "*mor-os*", a partir de la presentación de "*moral*", se situaría en el nivel meramente ortográfico (en este último caso las raíces tienen distinta representación ortográfica aunque el solapamiento de letras en las dos condiciones es el mismo). Con la misma lógica la presentación de "*huelen*" seguida de "*ol-as*" debería producir un resultado inhibitorio. "*Huelen*" activaría la representación abstracta del verbo "*ol-er*" en el nivel M y éste, a su vez inhibiría la representación de "*ol-as*" (cuya raíz es homógrafa de "*oler*") que al ser presentado como target sufriría un retraso en su reconocimiento respecto a una condición de control. Sin embargo, cuando se prima "*olas*" con "*duelen*" (control con similar solapamiento ortográfico que "*huelen*") no se produce ninguna inhibición porque "*duelen*" no activa una raíz morfológica homógrafa de "*ol-as*". Esta es exactamente la dinámica de resultados obtenida por Allen y Badecker en sus dos experimentos, uno utilizando como primes homógrafos de la raíz y otro usando homógrafos del target (ver Amenta y Crepaldi, 2012 para una revisión).

Existen otras pruebas que añaden evidencias a las diferencias entre los procesos que implican procesos de carácter ortográfico y procesos morfológicos. Drews y Zwitserlood (1995), usaron primes enmascarados y no enmascarados en tareas de decisión léxica y nombrado en holandés y alemán y obtuvieron facilitación de los pares morfológicamente relacionados como *"kersen-KERS"* *(cerezas-cereza)*, mientras que los pares ortográficamente relacionados como *"kerst-KERS"* *(navidad-cereza)* producían inhibición en la decisión léxica y facilitación en el nombrado. Estos resultados apoyan aquellos otros de Seguí y Grainger (1990), quienes obtuvieron inhibición también en un experimento de priming ortográfico enmascarado. También cuando el solapamiento ortográfico entre el prime y el target se evita usando dos alfabetos distintos como sucedía en Serbo-Croata, se obtenía una facilitación del priming morfológico tan importante como en un priming de repetición con el que se comparaba y esto tanto cuando prime y target estaban escritos en el mismo alfabeto como cuando uno aparecía en cirílico y otro en alfabeto románico (Feldman y Moskovljevic, 1987).

Un trabajo reciente muy original en español es el de Lázaro, Illera y Sainz (2016) en el que en lugar de realizar priming de la raíz llevaron a cabo un experimento en el que lo que se primaba eran los sufijos de las palabras. En un experimento de priming enmascarado con la tarea de decisión léxica comprobaron que las respuestas eran más rápidas tanto cuando el sufijo primaba una palabra sufijada como en *"ero-JORNALERO"*, como cuando el mismo sufijo primaba a una palabra pseudoprefijada como en *"ero-COR-DERO"*, respecto de un par no relacionado como *"ista-JORNALERO"* o *"ura-CORDERO"*. Sin embargo los pares con relación meramente ortográfica como *"eba-PRUEBA"* no diferían de los pares sin relación como *"afo-PRUEBA"*. Estos resultados apoyan procesos de segmentación ortográfico-morfológicos muy tempranos e independientes de otros procesos ortográficos y semánticos que se disparan de manera automática cuando se detecta cualquier combinación de letras que sea compatible con un sufijo.

En resumen, los datos que provienen del uso de la técnica de priming para averiguar si el lector tiene en cuenta la estructura morfológica de las palabras, apuntan a una respuesta afirmativa. Además los efectos obtenidos no parecen ser una propiedad emergente de un sistema de vía única que compute de forma interactiva características únicamente ortográficas de las palabras. Los efectos obtenidos en experimentos con homógrafos de la raíz apoyan un modelo de procesamiento dual.

5 Frecuencia de los morfemas

Un voluminoso conjunto de datos experimentales se ha dirigido a manipular la frecuencia de la raíz de las palabras manteniendo constante la frecuencia de la palabra completa que se presenta en el experimento. De la misma manera se ha llevado a cabo la manipulación contraria, es decir, mantener constante la frecuencia acumulada de la raíz y manipular la frecuencia de la palabra que se presenta. La frecuencia de la raíz, frecuencia acumulada o frecuencia base es un índice cuantitativo de la presencia de la familia morfológica a la que pertenece la palabra en el idioma concreto en el que se mide. Se han tomado distintos índices de la frecuencia de la raíz, en unas ocasiones, si se manipula la morfología flexiva se toma la frecuencia del femenino más el masculino o el singular más el plural, en otras ocasiones se toma la frecuencia de la forma monomorfémica de la que se derivan un grupo de palabras o bien la suma de todas las palabras de una misma familia, aunque este índice es difícil de calcular en muchas ocasiones porque siempre puede haber miembros irregulares de una misma familia que son difíciles de localizar.

La intención de estas pruebas experimentales es muy clara, si el reconocimiento de una palabra depende sólo de la experiencia que tiene el lector con ese estímulo particular, la frecuencia de esa forma superficial, específica, determinará los tiempos de reacción, pero si existe algún tipo de tratamiento morfológico de la palabra, la frecuencia acumulada de la raíz va a determinar los tiempos de reacción de la palabra más que su propia frecuencia.

Muchos de los experimentos que se han llevado a cabo con estas manipulaciones han trabajado con flexiones, sobre todo con el género y el número puesto que es más fácil controlar la frecuencia acumulada de la raíz restringiéndola a la suma del masculino y el femenino o del singular más el plural que trabajar con formas derivadas y tener que considerar la frecuencia sumada de todas las flexiones de un nombre o un adjetivo. En general los resultados muestran la influencia de ambos tipos de frecuencia, es decir, los tiempos de reconocimiento de las palabras no están únicamente determinados por su propia frecuencia sino también por la frecuencia de otras formas flexivas de la propia raíz.

El trabajo pionero en este campo es el de Taft de 1979, en el que comparaba los tiempos de reacción para palabras como *"shoe"* y *"fork"*. Ambas tenían la misma frecuencia superficial pero distinta frecuencia acumulada (es decir, singular + plural). El plural de *"shoe"* es de más alta frecuencia que su forma singular mientras el plural de *"fork"* es de más baja frecuencia que su forma singular. Los tiempos de reacción fueron menores para *"shoe"* que para *"fork"* (Taft, 1979). Es decir, lo que está determinando los tiempos de reacción es la frecuencia acumulada del singular más el plural y no la frecuencia de la forma particular que se está reconociendo. Sin embargo los resultados no son del todo concluyentes porque cuando se igualaron los estímulos en frecuencia acumulada variando su frecuencia superficial, ésta última también produjo resultados significativos. A igual frecuencia acumulada se reconoce antes aquellos estímulos que tiene la más alta frecuencia superficial (Taft, 1979; Burani, Salmaso y Caramazza, 1984 en italiano). En principio estos resultados van en contra de aquellos modelos que tienden a considerar la existencia de un nivel de procesamiento morfológico obligatorio y preléxico de los estímulos, ya que si fuera así los tiempos de reconocimiento sólo estarían influidos por la frecuencia de la base o frecuencia acumulada. Más bien se tiende a concluir que los modelos de doble ruta que consideran que los procedimientos de tratamiento morfológico corren en paralelo a un reconocimiento directo y global, son los que acomodan estos datos de manera más exitosa (Caramazza, Laudanna & Romani, 1988; Schreuder & Baayen, 1995; Taft, 1994).

Trabajos posteriores a este son el Sereno y Jongman (1997) que comparaba palabras inglesas en plural con palabras en singular. Con una tarea de decisión léxica los resultados indicaron que la frecuencia de la forma específica que se presenta es la que determina los tiempos de reacción. Si las palabras se presentaban en singular daba igual que la frecuencia del plural fuera alta o baja, lo que hacía variar los tiempos de reacción era la frecuencia del singular y si por el contrario se presentaba una palabra en plural daba igual que la frecuencia de su singular correspondiente fuera alta o baja. Este resultado, por tanto apuesta porque la frecuencia superficial de la palabra es determinante para el reconocimiento de la misma y que no está influida por otras formas morfológicas relacionadas con ella.

Sin embargo, Bayeen, Dijkstra y Schreuder (1997) obtuvieron resultados distintos de este en holandés. Mientras la frecuencia de las formas singulares estaba determinada por la frecuencia del singular más la frecuencia del plural, no ocurría así para las formas en plural cuyos tiempos de reacción estaban determinados sólo por su frecuencia superficial. Bayeen y col. atribuyeron este resultado a la peculiaridad del sufijo *–en* del plural Holandés. Este sufijo se utiliza para obtener el plural pero también se usa en formas verbales, lo cual produce una ambigüedad gramatical que fuerza a representar todas las formas que lo utilizan en el léxico para reconocerlas correctamente. En relación a este resultado Clahsen (1999) contrastó los efectos de la frecuencia acumulada y superficial en palabras que utilizaban, o bien un sufijo muy frecuente como –s o bien un sufijo poco frecuente como –er. Los resultados mostraron que el sufijo regular y frecuente producía tiempos similares independientemente de la frecuencia de la palabra en la que aparecía si se mantenía controlada la frecuencia del singular, sin embargo, si las palabras utilizaban el sufijo irregular (poco frecuente) los tiempos de reacción dependían de la frecuencia superficial, es decir, estas formas plurales estaban representadas de manera explícita en el léxico del lector.

En español, Dominguez, Cuetos y Seguí, 1999, realizaron manipulaciones con palabras flexionadas en género y número obteniendo resultados similares a los encontrados por Clahsen. En primer lugar los tiempos de decisión léxica sobre palabras en masculino y en femenino correlacionaban más alto con la frecuencia de cada género que con la frecuencia sumada de ambos. En español el masculino es la forma no marcada del género, es decir, es el género por defecto que se utiliza para las formas plurales, sean estas masculinas o femeninas. Cuando nosotros decimos "*los perros*" nos estamos refiriendo a "*los perros*" y "*las perras*", por eso podría pensarse que la frecuencia de la forma masculina podría determinar incluso los tiempos de reconocimiento de la forma femenina, pero esto no fue así, la frecuencia superficial de cada forma determina sus propios tiempos de reacción. De hecho cuando Dominguez y col. (1999) manipularon directamente el género dominante de la palabra presentada obtuvieron que en los pares de palabras de género masculino dominante cuando se presentaba el masculino se obtenían tiempos más rápidos que cuando se presentaba el femenino y de la misma manera cuando la forma femenina era la más frecuente si se presentaba el femenino los tiempos eran más cortos que si se presentaba el masculino.

RAÍZ	Frecuencia sufijo -o	Frecuencia sufijo -a	Acumulada
brut-	17	7	24
suegr-	7	17	24

La raíz brut- en español es masculino-dominante porque tiene más frecuencia en masculino que en femenino, sin embargo la frecuencia de suegr- es femenino dominante porque tiene más frecuencia en femenino que en masculino. Ambas raíces tienen la misma frecuencia acumulada o frecuencia base.

Para acabar de confirmar que las dos formas del género se hallaban representadas de forma explícita en el léxico presentaron palabras en masculino y en femenino que variaban en su frecuencia acumulada pero tenían la misma frecuencia superficial y vieron que los tiempos de reacción eran muy similares. Estos resultados van a favor de las tesis de Sereno y Jongman (1997) que defienden que no existe un tratamiento preléxico del aspecto morfológico de la palabra. Sin embargo los mismos autores realizaron experimentos manipulando la frecuencia del número en español que contradecían lo que ocurría con el género. Lo primero que vieron es que los tiempos de reacción para las palabras en plural correlacionaban mejor con la frecuencia del singular que con su propia frecuencia y que cuando presentaban palabras que eran plural-dominantes, como "*gafas*", es decir, palabras que en plural tienen una frecuencia léxica más alta que en singular, sus tiempos de reacción no eran más rápidos que para su forma singular correspondiente. En el caso del español el comportamiento del género y el número parece ser diferente con respecto a la organización morfológica de las palabras. Mientras que los dos géneros parecen estar explícitamente representados, el plural de las palabras parece tener un procesamiento morfológico que depende de la forma singular. Esto no es extraño si pensamos que la representación ortográfica de los plurales se realiza añadiendo un sufijo –s a las formas masculinas y femeninas. Estos resultados ponen de manifiesto la importancia de los dos tipos de frecuencia, la superficial y la acumulada y no permiten decidir entre modelos interactivos que sitúan los efectos morfológicos a nivel léxico (Drews & Zwitserlood, 1995; Grainger, Colé y Seguí, 1991) o modelos duales que los sitúan a nivel preléxico (Caramazza, Laudanna y Romani, 1988). En todo caso no parece suficiente con postular un modelo de segmentación obligatoria o de procesamiento preléxico obligatorio (Taft, 1994) ni tampoco sistemas que no contemplen procesamiento morfológico alguno (Seidenberg and McClelland, 1989; McClelland and Rumelhart, 1981; Butterworth, 1983; Mannelis & Tharp, 1977; Rueckl, Mikolinski, Raveh, Miner & Mars, 1997).

Un resultado muy interesante respecto a las condiciones particulares en las que se da una descomposición morfológica de palabras es el obtenido por Taft en 2004. En este artículo el autor defiende que el hecho de no encontrar resultados a favor de las manipulaciones de la frecuencia de la base o del morfema de raíz no significa que no se dé una descomposición morfológica sino que en muchas ocasiones el beneficio que supone tener una raíz de alta frecuencia para reconocer una palabra se ve diluido por el hecho de que hay que consumir un tiempo extra en la descomposición de los morfemas que lo forman y en el posterior ensamblaje para llegar al significado combinado. De hecho Taft demuestra que si se obliga a una discriminación morfológica más fina a los participantes incluyendo pseudopalabras compuestas por morfemas existentes, en una tarea de decisión léxica, los tiempos de reacción para palabras flexionadas y derivadas de baja frecuencia, que tienen raíces de alta frecuencia, aumentan respecto de aquellos que siendo también de baja frecuencia, sin embargo, tienen raíces de baja frecuencia, en cuyo caso los tiempos disminuyen. Esto es lo que Taft llama el efecto invertido de la frecuencia de base (*the reversed frequency effect*). El resultado cambia cuando NO se introducen pseudopalabras formadas por morfemas reales, como el propio Taft demostró, y como, de hecho, en un estudio posterior de Baayen, Wurm y Aycock (2007) ocurría en una tarea de decisión léxica sobre 8.000 palabras: si se hace variar la frecuencia de la base, ésta tiene un efecto facilitador sobre los tiempos de reacción de las palabras derivadas de baja frecuencia superficial e inhibidor sobre las palabras derivadas de alta frecuencia superficial.

También Burani y Thornton (2003) demostraron que se producían efectos inversos de frecuencia de la raíz en pseudopalabras. Cuando las pseudopalabras estaban compuestas por una raíz existente, y ésta era de alta frecuencia, los tiempos de reacción aumentaban en relación a raíces cuya frecuencia era baja. Sin duda estos resultados vienen a demostrar que se ha hecho un proceso de descomposición y reconocimiento de la raíz que provoca un aumento de la activación léxica que hace más difícil una respuesta negativa ante este tipo de estímulo. Sin embargo si la frecuencia de la raíz es muy baja, la activación léxica que provoca es reducida y la respuesta negativa de los participantes es más rápida. En los mismos experimentos también se hacía variar la frecuencia de los afijos que acompañaban a la raíz. En contra de la influencia obtenida por la frecuencia de la raíz de las palabras, la frecuencia de los afijos no parece determinar los tiempos de reacción. Una revisión sobre esta variable y sobre otras que son determinantes para la investigación morfológica puede encontrarse en Domínguez, Cuetos y Seguí, (2000) y más actualizada en Amenta y Crepaldi (2012).

6 Procesamiento del género y sus marcas en español

Un caso particular de la morfología léxica del español lo constituye la determinación del género de los nombres y adjetivos. El género forma parte de la morfología flexiva, una de las dos grandes clases morfológicas del español. La otra es la morfología derivativa que muestra importantes diferencias con respecto a la primera. Quizás merece la pena que describamos cuáles son las diferencias entre ellas (ver cuadro) para que entendamos algunos de los resultados expuestos en este libro. Los morfemas flexivos son siempre sufijos, establecen el género y el número de los sustantivos y adjetivos, y el modo, tiempo, número y persona de los verbos. Tienen una función sintáctica, ya que es necesario que las diferentes palabras concuerden entre sí, tanto las que están dentro del mismo sintagma y, por tanto, mantienen relaciones estrechas, como aquellas otras que deben tener el

MORFOLOGÍA FLEXIVA	MORFOLOGÍA DERIVATIVA
Utiliza sólo sufijos	Utiliza prefijos, infijos y sufijos
Determina el género, el número y el modo, tiempo y persona	Modifican el significado de la palabra, en distinto grado
Afecta a las categorías gramaticales mayores, como sustantivos, adjetivos y verbos, pero también a muchas categorías funcionales, como determinantes o pronombres	Producen cambios en la categoría gramatical de la palabra (oscuro-oscuridad-oscurecer)
Establece la concordancia entre los elementos de la oración	No tiene una función sintáctica directa
Añaden matices al significado, por ejemplo sobre el número de elementos o respecto al tiempo de una acción	La modificación del significado puede llegar a ser tan importante que produzca opacidad semántica (boca-bocazas)
En ocasiones la adjunción de un sufijo flexivo modifica la ortografía y la fonología de la palabra (tener-tuve)	También pueden producir irregularidad sobre las raíces (diente-dentista). La irregularidad puede ser fonológica pero también semántica
Se ha propuesto que las reglas flexivas se aplican en el área frontal izquierda, conocida como área de Broca	Tienen una representación cerebral mucho más distribuida y más bien temporoparietal

mismo número, cuando se trata de un sujeto y un verbo, por ejemplo. Así, el determinante "*los*" exige un nombre masculino plural para formar un sintagma nominal "*los niños*", y si este sintagma es un sujeto exige un verbo en plural que concuerde con él, como en "*los niños jugaron*". Por lo tanto la morfología flexiva tiene una función sintáctica relacionada con la compleja estructura de relaciones de los constituyentes de la oración. Esta estructura se puede descubrir, en la mayor parte de los casos, a través de los sufijos que se repiten en aquellas palabras que concuerdan. El sufijo –o y el sufijo –s desvelan el género masculino y el número plural en el sintagma "*los niños*" y la terminación verbal "*–aron*" del verbo (*jug-aron*) determina el plural que lo hace concordar con ese sintagma sujeto. Estos morfemas flexivos, por lo general, no introducen variaciones importantes sobre el significado de la raíz, sino que le añaden matices de cantidad, temporales, etc.

El género gramatical es una categoría lingüística instanciada morfológicamente en muchos idiomas, como el español, mientras que en otros no constituye una entidad morfológica, como ocurre en inglés. Aunque en ocasiones designa género biológico o sexual, el género gramatical no tiene, en la mayor parte de las palabras, esa connotación biológica, y por lo tanto no puede ser asignado conociendo el significado de la palabra. No hay nada en el significado de la palabra "*libro*" que nos indique que es una palabra masculina. Tampoco hay nada en el significado de la palabra "*libra*" que nos diga que es femenina y cometeríamos un error si pensáramos que "*libra*" es la hembra de "*libro*". Ahora bien, las palabras, en español, llevan sufijos que indican con una gran fiabilidad cuál es su género. Así, si una palabra acaba en –o será masculina y si acaba en –a será femenina. Sin embargo tampoco se trata de una regla infalible ya que hay palabras como "*arca*" que son masculinas y palabras como "*moto*" que son femeninas.

Existen otras muchas terminaciones en español que son mucho menos frecuentes que éstas pero que en su mayoría tienen un sesgo importante hacia uno de los dos géneros. Si vamos a la tabla inferior podemos darnos cuenta de esto rápidamente. Por ejemplo el final –ad determina en muchas más ocasiones el género femenino (730), como sucede en *ciudad*, que el masculino (2), como sucede en *abad*. Sin embargo, la terminación –ón determina, en la mayoría de las ocasiones, género masculino (237), como sucede en *jamón*, frente a las pocas palabras femeninas que tienen esta terminación (14), como sucede en *función*.

El recuento fue hecho sobre la base de datos LEXESP (Sebastián-Gallés y col., 2000), que incluye cinco millones de palabras. Se buscaron todas las palabras que acababan en determinadas terminaciones sin prejuicio de que esas fueran todas las terminaciones del español, ni mucho menos. Se calculó el número de palabras diferentes que incluían cada una de las terminaciones, es decir un recuento tipo *"type"* para cada uno de los géneros, y también el número de palabras masculinas y femeninas de cada terminación incluyendo todas las veces que cada palabra aparecía repetida, es decir, un recuento tipo *"token"*.

	MASCULINO		FEMENINO	
	TYPE	TOKEN	TYPE	TOKEN
AD	2	127	730	32189
UD	2	20	38	2531
AZ	6	136	4	688
ÓN	237	3341	14	1352
IZ	9	182	13	510
A	257	238985	6269	309426
O	6397	365620	14	2869
I	38	19764	3	53
E	990	68570	167	289603
U	4	6	0	0
IÓN	23	935	1379	60172

Por lo tanto el género de las palabras puede ser asignado teniendo en cuenta la información subléxica contenida en el final de las palabras, puesto que es suficientemente fiable, al menos en español, sobre todo en lo que se refiere a las terminaciones –a/-o (Taft y Meunier, 1998; Gollan y Frost, 2002). De hecho esta parece ser la estrategia elegida por los hablantes para asignar el género a las palabras que no conocen o han visto u oído por primera vez. Tucker, Lambert, Rigault y Segalowitz (1968) pidieron a un grupo de hablantes franceses que asignaran el género a palabras inventadas que les eran presentadas. Observaron que esta asignación no se producía al azar, como cabría esperar con palabras totalmente nuevas para ellos, sino que coincidía con el sesgo de género que tenían las palabras francesas en función de las letras en las que acababan. Estos finales de palabra que prediceen uno de los dos géneros con fiabilidad, como sucede en español con la terminación –a, que predice femenino, han sido llamados transparentes, frente a los finales que no prediceen fiablemente el género como ocurriría en las palabras acabadas en –az, de las cuales, 6 son masculinas (como *matraz* o *antifaz* y 4 femeninas (como *paz*). Las palabras de género opaco son más difíciles de categorizar en género que las transparentes, sus tiempos de decisión son más largos y los errores más frecuentes (Gollan y Frost 2002; Cacciari y Padovani 2002; Padovani, 2002; Padovani y Cacciari 2003). A la vista de estos datos podemos decir con seguridad que al menos una de las fuentes de información que utilizan los hablantes de español para asignar el género a las palabras que escuchan esta basada en el aspecto superficial del final de la palabra, es decir, en los sufijos de género que llevan incorporadas las palabras. Es cierto que estas terminaciones no son fiables cien por cien pero estadísticamente hay una fuerte asociación entre determinados finales y los géneros de las palabras. Tengamos en cuenta que la terminación más común en español, como hemos dicho es, –*a/-o*. Aproximadamente el 32% de las palabras acaban en –a y el 29% acaban en –o, lo cual supone en total un 61% de todas las palabras del idioma. Y estos finales tienen una capacidad predictiva del género rayando en la perfección, como puede verse en la tabla. Además estas terminaciones determinan el género no solo de los nombres sino de otras categorías gramaticales que también incorporan sufijos de género, y que acompañan a los nombres, como son los adjetivos (ej. *bonita*), los artículos (*el, la, uno*), los pronombres (*estos, esas, aquellos*) y con los cuales forman los sintagmas de la oración. Es así que, por lo tanto, esta fuente de información basada en la ortografía/fonología es muy fiable para descubrir el género de las palabras. Sin embargo es muy posible que esta no sea la única fuente utilizada por los hablantes para conocer el género de las palabras, porque como hemos dicho, no hay una regularidad absoluta en la información superficial del final de palabra. Podríamos pensar que "*prisma*" es una palabra femenina porque acaba en –a, y sin embargo no lo es. ¿Cómo conseguimos entonces averiguar el género de estas palabras? Muy probablemente por algo que acabamos de decir, por la concordancia de estos sustantivos con otras palabras de distintas categorías gramaticales con las que forman sintagmas dentro de la oración. Está claro que cuando hablamos no emitimos palabras aisladas y entonces *"prisma"* va a aparecer precedido o seguido por otras palabras con una marca de género que no concordará superficialmente con ella, y esto es lo que avisará al lector, o al oyente, de que no debe "fiarse" de la –a final de esta palabra. En sintagmas como *"el prisma rojo"* el artículo y el adjetivo son claves para la determinación del género del sustantivo. Uno esperaría que entre "el" y "rojo" hubiera una palabra acabada en "-o" y no en "-a" como de hecho ocurre. Esta violación ortográfica del sustantivo que no concuerda con el artículo y el adjetivo es la que avisa al lector de que no debe deducir el género de *"prisma"* a partir de su terminación, sino que debe atender al género de las otras dos palabras (Taft y Meunier, 1998; Holmes y Seguí, 2004; Bates, Devescovi, Pizzamiglio, D'Amico y Hernandez, 1996; Wicha, Moreno y Kutas, 2004).

En francés el artículo que acompaña al nombre sólo proporciona información sobre el género cuando éste último empieza por consonante como en *"la famille"* pero si el sustantivo empieza por vocal el artículo se apostrofa, perdiendo su marca de género como ocurre en *"l'arbre"*. Esta circunstancia ha propiciado la utilización de este tipo de palabras para someter a las personas a experimentos en los que tienen que tomar decisiones sobre las palabras basadas en información ortográfica poco fiable como la mencionada en el caso anterior. Taft y Meunier (1998) vieron cómo los hablantes franceses tardaban más tiempo en decidir el género de palabras como *"arbre"* (que cuando son acompañadas por un artículo, éste pierde su marca de género), que de palabras como *"famille"*. Sin embargo, las palabras como *"arbre"* igualaban los tiempos de decisión de las palabras que empezaban por consonante cuando se presentaban acompañadas de artículos que desambiguaban su género como en el caso de *"une étoile"*. Por lo tanto, los artículos y su concordancia con los nombres deben estar jugando un papel importante en estos casos en los que existe una ambigüedad evidente en la información ortográfico-fonológica del final de la palabra.

En español hay un estudio muy curioso de Hernández, Kotz, Hofmann, Valentin, Dapretto y Bookheimer (2004) que sometían a los participantes a una prueba de resonancia magnética cuando estaban realizando una tarea de decisión sobre el género de las palabras. Estas palabras podían ser transparentes u opacas con respecto a la determinación de su género. Los resultados

51

presentaban una mayor activación de las áreas cerebrales 44 y 45 según establece el mapa de Brodmann. Se ha visto que estas áreas eran fundamentales en distintas tareas sintácticas (Miceli, Turriziani, Caltagirone, Capasso, Tomaiuolo y Caramazza, 2002) y por lo tanto los autores dedujeron que las palabras opacas requerían de un esfuerzo adicional con respecto a las transparentes para determinar el género, porque la tarea implicaba la generación del artículo que estaba asociado con el sustantivo que se presentaba. Como el final de la palabra no determina directamente su género, las personas tienen que provocar la generación del artículo que concuerda con él para así saber su género. Si se encontraban con el sustantivo *"mesa"* (transparente) la *–a* final automáticamente mostraba el género de la palabra, pero si se encontraban con *"arroz"* (opaca) tenían que generar el artículo *"el"* para saber que su género era masculino.

Nosotros (Afonso, Domínguez, Álvarez y Morales, 2013) hemos llevado a cabo una investigación en la que presentábamos palabras transparentes, acabadas en –a o en –o y palabras opacas, con otras terminaciones como -ad. Ambas terminaciones se presentaban en palabras del género que determinaban, palabras regulares, como por ejemplo, mesa o muro, o bien en palabras con género opuesto al que determinaban, irregulares, como por ejemplo, *"clima"* o *"mano"*. Hacíamos lo mismo con las terminaciones de género opaco, presentábamos palabras con género regular, como *"ciudad"*, ya que la terminación –ad designa femenino, y con género irregular como *"abad"*. Pues bien, la diferencia en los tiempos de reacción en una tarea de decisión de género entre palabras regulares e irregulares fue mucho más grande en las palabras transparentes que en las opacas. Tomamos este resultado como una prueba de que en las palabras acabadas en –a y en –o la marca de final de palabra es la que determina el género y por eso cuando esa marca lleva a una decisión errónea, como cuando vemos *"mano"* y decidimos que es masculina, los tiempos de reacción son mucho más largos. En las palabras opacas no ocurre esto porque la decisión sobre el género no está basada en la marca superficial, ortográfica/fonológica del final de la palabra sino en la generación del artículo que tiene que concordar con el nombre, por eso el impacto de las palabras irregulares sobre los tiempos de reacción es mucho menor que en las palabras transparentes. El criterio sobre los finales opacos es sintáctico y no está basado en la terminación de la palabra.

Un segundo experimento vino a confirmar nuestras sospechas. Estas mismas palabras se presentaban precedidas por un artículo determinado, *"la mesa, el arroz"*, o por un posesivo, como *"mi mesa o mi arroz"*. Los artículos aportan su marca de género y concuerdan con el género del sustantivo. Pues bien, en esta prueba las palabras de género opaco se beneficiaban mucho más de la presencia del artículo, con respecto al posesivo, que las palabras de género transparente. Los resultados de ambos experimentos parecen confirmar que las estrategias de procesamiento del género son distintas en las palabras transparentes que en las opacas: mientras que las primeras son directamente categorizadas a partir de sus marcas ortográficas/fonológicas, las segundas se categorizan en género a partir de la activación del artículo o determinante con el que concuerdan (Holmes y Seguí 2004; Bates y col., 1995; Desrochers et al. 1989; Taft y Meunier, 1998).

En otro trabajo realizado en nuestro laboratorio (Urrutia, Domínguez y Álvarez, 2009) jugábamos también con la identificación del género de palabras transparentes y opacas, pero en este caso le pedíamos a los lectores que respondieran si la palabra que estaban viendo era masculina o femenina. Pero esta palabra, que es la que debía juzgar el participante, iba precedida por otra que podía tener el mismo género o el género opuesto a la que aparecía después. Los resultados fueron muy sorprendentes porque cuando la palabra primera coincidía en género con la segunda los tiempos de categorización eran más largos que cuando no coincidían. Nos llevó un tiempo darnos cuenta de lo que había pasado, pero finalmente atribuimos este efecto inesperado a un *priming negativo*. Lo que ocurría es que la primera palabra no permitía de ninguna manera obtener alguna pista sobre el género de la segunda que es lo que finalmente tiene que responder el participante. Esto es así porque la mitad de las veces tenía un género y la otra mitad otro, de manera que su capacidad predictiva era cero. Esta falta de contingencia hizo que nuestros participantes aprendieran rápidamente a ignorar el género de la palabra que aparecía en primer lugar, de tal manera que inhibían su género para poder concentrarse en la tarea que debían realizar con la segunda. Y esto es lo que produjo el priming negativo. Si el lector veía una palabra masculina e inhibía activamente la información de género que tenía porque ésta le estaba interfiriendo en su tarea sobre la segunda palabra, cuando llegaba esta y tenía un género también masculino su capacidad de categorizarla como masculina se enlentecía puesto que ese género había sido previamente inhibido. Sin embargo, si la primera palabra era femenina, el lector inhibía el género femenino y cuando llegaba la segunda palabra, de género masculino, éste no estaba inhibido y su velocidad de respuesta era más elevada.

Pero no solo esto. Además, en este experimento el curioso efecto de *priming negativo* se daba solamente en las palabras acabadas en –a y en –o y no ocurría en aquellas otras de terminación opaca, es decir, de nuevo, la información ortográfica, superficial de la palabra, sólo se usaba para las terminaciones más frecuentes y fiables.

Estos resultados podrían tener algún tipo de consecuencia para el ámbito educativo ya que, en el fondo, cuestionan los métodos de aprendizaje comúnmente usados por los maestros y las maestras con los niños de preescolar y primaria. Habitualmente enseñan el género basándose en criterios semánticos, es decir, enseñándoles a los niños que *"el león"* es masculino porque es el macho de la especie mientras que *"la leona"* es femenino porque es la hembra y que estos dos animales tienen características físicas incluso diferentes entre ellos. Es decir, se basan en el referente de la palabra para enseñar una característica lingüística. Sin embargo hemos visto que la mayoría de las palabras no tienen género semántico y que los dos criterios que deberían usarse para descubrir y enseñar el género de las palabras son, por una parte un criterio ortográfico/fonológico, basado en la presencia de una –a o una –o, y por otra parte, en las demás terminaciones que podemos encontrar en las palabras, las opacas, el criterio, debería estar basado en la exposición a la concordancia con otros elementos oracionales, sobre todo con el artículo.

7 Morfología y procesos sintácticos

Una idea que se ha extendido como la pólvora en el campo de los lingüistas es la de que los procesos sintácticos que tratan de poner en relación las distintas partes de la oración tienen que ser independientes de los procesos que tienen que ver con la construcción del significado, y que estos últimos no sólo son independientes, sino que se llevan a cabo después de que han terminado los procesos sintácticos. Esta es una idea que arrastramos desde principios de los años 60 del siglo pasado cuando Noam Chomsky (1957) comenzó a enunciar sus postulados lingüísticos modularistas en el *Instituto Tecnológico de Massachusetts*. Sin embargo esta propuesta no ha dejado de ser criticada desde entonces y se ha encontrado con la oposición de muchos lingüistas y psicólogos más funcionalistas que entienden que esa separación entre los niveles sintáctico y semántico no es realista y que ambos niveles cooperan en tiempo real para solucionar la tarea que se le impone al sistema, que no es ni más ni menos que la producción o la comprensión de una oración ajustada a los contenidos, a la situación y a la intención del interlocutor.

En este capítulo proponemos que la morfología es "terreno abonado" para estudiar cómo se comunican estos dos ámbitos o niveles lingüísticos. Al principio de este libro dijimos que los lingüistas definen dos ámbitos fundamentales de la morfología léxica: la morfología flexiva y la morfología derivativa. La primera tiene dos papeles, uno léxico y otro sintáctico, su plano léxico es evidente porque los sufijos flexivos forman distintas palabras que forman parte del vocabulario del hablante. Pero lo que nos interesa en este apartado es su papel sintáctico, y en este ámbito el papel de la morfología flexiva es establecer la concordancia entre diferentes elementos léxicos de la oración, por ejemplo entre los verbos y otras palabras u otros sufijos.

Cuando el lector se encuentra con un verbo tiene que evaluar, por ejemplo, si los sufijos que lleva incorporados proporcionan una información temporal que encaje con otros marcadores de tiempo de la oración, como puede ser, por ejemplo, un adverbio. Un sufijo como –(i)rá es un marcador de futuro y concuerda con el aspecto temporal de un adverbio como es *"mañana"* en la frase *"Mañana, en el camarote, el grumete dormirá un sueño reparador"*. Como hemos dicho antes, algunas categorías flexivas del español pueden ser directamente computadas a través de los sufijos de las palabras. Es el caso del género cuando los sufijos son transparentes como –a para el femenino y –o para el masculino. La concordancia del nombre con otras palabras se establece fácilmente observando el final de la palabra, como ocurre con la concordancia del nombre con los adjetivos y determinantes, así por ejemplo se puede ver que en "*la casa alta*" todos los elementos léxicos concuerdan en género femenino, mientras que si dijéramos "*la casa alto*" habría una desconcordancia evidente. Sin embargo esta concordancia superficial no está presente en la frase que veíamos antes, donde el verbo en futuro debe concordar con un adverbio que no incorpora un sufijo temporal sino que el tiempo debe ser extraído accediendo a su significado. Es decir, la concordancia de palabras dentro de las oraciones supone un problema complejo para el procesador lingüístico porque no sólo tiene que descubrir los sufijos que guían la búsqueda, sino que, en ocasiones, esos sufijos tienen que ponerse en relación con niveles distintos a los meramente formales de las palabras. Es entonces cuando hay que poner en comunicación el significado con las operaciones sintácticas, el nivel semántico con el nivel morfoléxico. Por eso nos pareció que este tipo de concordancias en las que un verbo concuerda con un adverbio son ideales para estudiar el *interface* entre la morfología léxica y el nivel semántico. Si pedimos a las personas que lean frases como la expuesta antes y registramos su respuesta cerebral mediante un electroencefalógrafo quizás nos podamos plantear preguntas como: ¿es primero el acceso al significado de las palabras o lo primero es reconocer su estructura morfológica? Es decir, ¿reconocen antes los sufijos que incorpora el verbo? ¿O lo primero es reconocer el verbo como tal, con su significado particular, y después observar su sufijo? A primera vista uno diría que el proceso natural es proceder a reconocer la palabra antes de hacerla concordar con cualquier otra, es decir, proceder desde los niveles más bajos a los más altos, primero lo léxico y después lo sintáctico. Pero había que demostrarlo. Llevamos a cabo un experimento que medía las ondas cerebrales que tenían lugar cuando la persona leía justo el verbo, sólo que este verbo en ocasiones era un NOverbo, es decir, estaba formado por una raíz real y un sufijo real con su significado temporal pero que juntos formaban una nopalabra (De Vega, Urrutia y Domínguez (2010). Veamos los ejemplos de frases que utilizábamos y el lector se dará cuenta rápidamente de cuál era nuestra intención:

(1) Ayer por la tarde, en la radio, un famoso discutía sobre cirugía estética

(2) Ayer por la tarde, en la radio, un famoso discutirá sobre cirugía estética

(3) Ayer por la tarde, en la radio, un famoso discutaba sobre cirugía estética

(4) Ayer por la tarde, en la radio, un famoso discutará sobre cirugía estética

Como puede verse los únicos cambios introducidos en cada frase se sitúan en el verbo, que es donde íbamos a registrar la actividad cerebral. Las dos primeras frases incluyen verbos reales y las otras dos verbos inventados. La frase 1 y la 3 tienen sufijos que concuerdan bien con el adverbio, mientras la 2 y la 4 tienen sufijos que no concuerdan, ya que están en futuro, mientras el adverbio es de pasado. La técnica de Potenciales Relacionados con Eventos nos va a permitir averiguar si lo primero que se procesa es la lexicalidad del estímulo porque habrá un impacto sobre ciertos componentes específicos que veremos después, en las frases 3 y 4 respecto a la 1 y la 2. Otros componentes, sin embargo, son más sensibles a las desconcordancias de género o número y así veremos si responden a las desconcordancias introducidas en las frases 2 y 4. La comparación de estos componentes en las distintas frases es crucial para responder a nuestras preguntas. Supongamos que los lectores inicialmente aplican una descomposición morfológica para llevar a cabo la concordancia ignorando si el estímulo es una palabra o no, es decir, ignorando su estatus léxico. En este caso el morfema de tiempo, tanto del verbo como del noverbo son validos para proporcionar esta información y la concordancia con el adverbio será realizada antes de que sea observado ningún efecto léxico. Si, por el contrario, los lectores completan antes el acceso léxico del verbo los efectos de concordancia serán exclusivos, o al menos más importantes, en los verbos que en los noverbos, porque en estos últimos el proceso de descomposición será abortado ya que no son palabras.

Antes de descubrir los resultados obtenidos deberíamos ver los componentes que se ven afectados en los potenciales eléctricos por este tipo de manipulaciones. El procedimiento más común en experimentos de frases y concordancia de género, número o tiempo, implica comparar los ERPs para palabras incluidas en frases correctamente construidas con otras frases en las que la misma palabra produce alguna violación de estos aspectos, como las que hemos visto antes.

El componente *Left Anterior Negativity* conocido como *LAN* y *P600* son los componentes más sensibles al procesamiento sintáctico (para revisiones sobre el tema consultar: Krott, Baayen, y Hagoort, 2006; y Martín-Loeches, Nigbur, Casado, Hohlfeld, y Sommer, 2006). LAN es un componente temprano que se desarrolla entre los 350 y los 550 ms. después de la aparición del estímulo con una distribución frontal izquierda o en ocasiones frontocentral y surge cuando el lector se encuentra con un sufijo que se ha añadido a una raíz con la que no puede ir, por ejemplo en "*camin-ía*" (Krott y col., 2006; Rodríguez-Fornells, Clahsen, Lleó, Zaake, y Munte, 2001). Un antecedente temprano de este componente, con la misma distribución, es el llamado ELAN que se puede ver en la figura.

Figura 9 Componentes especialmente sensibles a las manipulaciones lingüísticas: N400 como componente semántico, E(F)LAN, como componente sintáctico, y P600, componente tardío de carácter sintáctico que reflejaría un intento de reparación de una desconcordancia previa. La línea continua representa la palabra correcta y las discontinuas las condiciones en las que la palabra es anómala. Arriba las localizaciones en las que cada componente aparece preferentemente: F7: ELAN; CZ=N400 y PZ=P600.

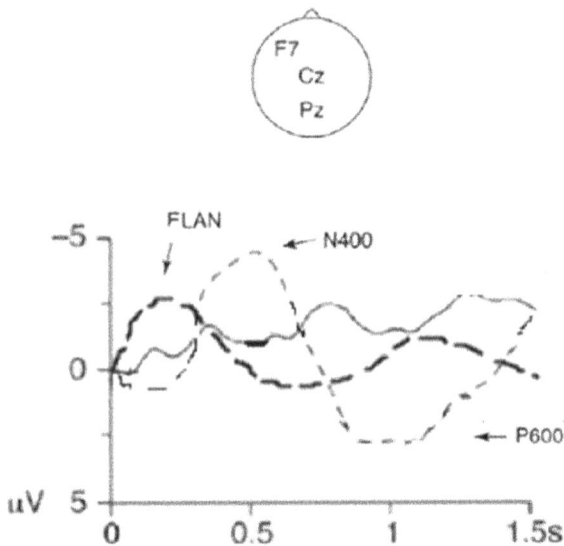

P600, por el contario, es un componente tardío, que se sitúa temporalmente entre los 500 y los 900 milisegundos. Si LAN es considerado un detector de violaciones morfosintácticas, P600 se considera un reparador, un re-constructor de las frases desconcordantes o de las violaciones sintácticas en general, después de que ha ocurrido un *"garden path"*, un callejón sin salida (Friederici, Hahne, y Mecklinger, 1996; Krott y col., 2006; Osterhout y Mobley, 1995; Rodríguez-Fornells y col., 2001).

Otros componentes que podrían verse afectados por este tipo de manipulaciones son *N400* y *P200*. *N400* (Kutas y Hillyard, 1984) es un componente que detecta la integración semántica de una palabra en su contexto oracional y tienen una distribución posterior derecha. Aunque es un componente claramente semántico, también es sensible a la lexicalidad del estímulo (Bentin, Mouchetant -Rostaing, Giard, Echallier y Pernier, 1999; Rugg, 1987), al priming de repetición (Grainger, Kiyonaga, y Holcomb, 2006; Holcomb y Grainger, 2006) y a la interferencia producida por la existencia de palabras ortográficamente vecinas (p.ej.: caso-caro, palabras que sólo cambian una letra con respecto a una dada Holcomb, Grainger, y O'Rourke, 2002), por lo que se entiende que *N400* es un marcador del acceso léxico y en este sentido también se ha visto que puede responder a las operaciones morfosintácticas (Choudhary, Schlesewsky, Roehm, y Bornkessel -Schlesewsky, 2009; Janssen, Wiese, y Schlesewsky, 2006; Wicha y col., 2004).

Finalmente *P200*, un componente previo a *N400*, entre los 150 y los 300 ms., estaría relacionado con el procesamiento de información subléxica, es decir, con fragmentos de la palabra como sílabas, letras o morfemas. Nosotros, por ejemplo, lo hemos encontrado en experimentos de priming morfológico en los que la primera palabra comparte con la segunda presentada la raíz y sólo difieren en el sufijo o en el prefijo.

Rodríguez-Fornells et al. (2001) vieron que la violación de verbos de la tercera conjugación en catalán, reemplazando la vocal temática –i, es decir, presentando *"dorm-a-t"* en lugar de la forma correcta *"dorm-i-t"* producía el típico componente LAN, mientras que no se observaba este componente cuando se hacía lo mismo con raíces de la tercera conjugación, es decir, presentando *"cant-i-t"* en lugar del correcto *"cant-a-t"*. Estas diferencias entre conjugaciones vienen dadas por el hecho de que la tercera conjugación es muy irregular y los verbos menos numerosos que los de la primera, como sucede también en español. Mendoza, Fresneda, Muñoz, Carballo y Cruz (2001) calcularon que el 30% de los verbos de la tercera conjugación son irregulares en alguna de sus formas de presente, mientras que sólo el 6% de los de la primera son irregulares. El factor crítico para producir una *LAN* parece estar en la presencia de un sufijo regular de la primera conjugación. Eso es lo que dispara el mecanismo de análisis morfológico del verbo. Pero cuando se pasa a analizar la raíz se detecta una falta de encaje entre los dos morfemas. Sin embargo, la presencia de una vocal temática de la tercera no desencadena este análisis morfológico porque el sistema interpreta que hay una alta probabilidad de que sea irregular con lo que es mejor optar por una búsqueda directa de la forma específica en la memoria léxica. Al pararse el procesamiento morfológico, no surge *LAN*. Por lo tanto una conclusión que podemos extraer, de este y otros estudios, es que lo primero que se analiza son los sufijos y sólo después se analizan las raíces.

Si es así, volviendo a nuestro estudio, podríamos predecir que se van a producir efectos morfológicos sobre *P200*, sobre *LAN* o sobre *P600* y que aparecerán tanto en verbos como en noverbos y que sólo más tarde aparecerán diferencias que se atengan a las características léxicas del estímulo. Pues eso es lo que, a grandes rasgos ocurrió: una *P200* para las frases desconcordantes tanto en verbos como en noverbos. En los 200 milisegundos iniciales del verbo los lectores intentan hacerlo concordar independientemente de que sea o no una palabra. Por tanto se podría considerar, teniendo en cuenta este y otros estudios que *P200* podría ser un marcador de procesamiento morfosintáctico en un estadio preléxico y que estas operaciones están relacionadas con las áreas frontales. Pero no sólo eso sino que además esa concordancia no se está haciendo con un marcador superficial como puede ser un sufijo, sino sobre un significado, el del adverbio, que está señalando un tiempo pasado, y que se ha mantenido en la memoria durante unos breves instantes hasta que se ha llegado al verbo. Unos milisegundos después de este componente comienza a producirse una negatividad entre los 375 y los 490 ms. Este componente tiene una localización frontal y aunque no está lateralizado a la izquierda, como suele ocurrir con LAN, en algunos estudios se ha atribuido a este componente cualquier negatividad que coincida temporalmente con él y sea frontal. La particularidad de este momento es que empiezan a entrar en juego los factores léxicos que no habíamos visto unos milisegundos antes. Ahora, en los verbos, la negatividad es mayor para los desconcordantes, mientras en los noverbos es mayor para los concordantes. Cuando un lector se encuentra con la palabra *"discutirá"* en la frase (2) se produce LAN, sin embargo, si nos fijamos en los noverbos la mayor negatividad se produce para *"discu-taba"*, quizás como resultado de un conflicto entre la información léxica y la información morfosintáctica, mientras que la primera es incorrecta, se trata de una nopalabra, la segunda es correcta, porque el sufijo concuerda con el adverbio de tiempo.

*Figura 10 Efectos concordantes para verbos **(discutía)** y noverbos* (discutaba) *en los electrodos F3 y F4.*

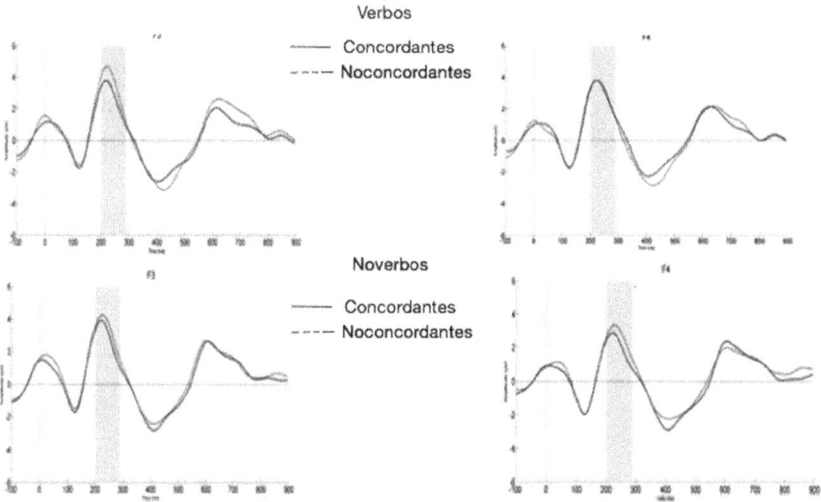

Es, por tanto, en esta segunda ventana donde empieza a entrar en juego la información léxica, que ha de ser compatible con la sintáctica. Tenemos dos momentos de procesamiento secuenciales, el primero, hacia los 200 ms. sólo tiene en cuenta la información morfosintáctica y en el segundo, hacia los 400, pone en comunicación esta información con la léxica, como se puede ver en los gráficos. Respecto al componente P600 no fue encontrado en nuestro trabajo, lo cual puede ser, hasta cierto punto, sorprendente si tenemos en cuenta que este componente revelaría la puesta en marcha de una reinterpretación sintáctica de las anomalías encontradas en las oraciones. Una hipótesis respecto a esta ausencia es que en todos los estudios previos las desconcordancias se establecen sobre sufijos que se encuentran en las dos palabras que tienen que concordar, mientras que en este estudio el sufijo se hacía concordar con un adverbio que debía ser interpretado semánticamente para poder hacerlo concordar con el verbo, es decir, había que acceder al significado de una palabra, un adverbio, para saber que sufijo de tiempo debería llevar el verbo. Quizás esto pudiera retrasar o hacer desaparecer el componente P600 con respecto a otras manipulaciones similares, pero basadas en el género o el número, ya que podrían estar activándose otros generadores neurales.

En definitiva existe toda una maquinaria dedicada a poner en relación las distintas partes de la oración y los sufijos, incluso la información semántica, se utilizan como pistas para el análisis sintáctico. Si bien las pistas superficiales proporcionadas por los sufijos disparan rápidamente los mecanismos de concordancia, la información léxica y semántica es tomada en consideración más adelante y de manera interactiva con la información sintáctica.

8 Morfología y categorías gramaticales

Una importante función de los sufijos que incorporan las palabras podría ser la de permitir al oyente, o al lector, identificar la categoría gramatical de la palabra a la que se está enfrentando. En realidad la prioridad de quien quiere comprender una frase no debería ser esta, sino simplemente entender lo que se le está diciendo. Puede ser que estemos atribuyendo a la mente humana propiedades lingüísticas que no necesita tener en absoluto, puesto que nadie necesita ser un experto en categorías gramaticales para entenderse con los demás. Sin embargo es cierto que determinados sufijos van a designar formas verbales y otros van a designar nombres, por ejemplo, y es ahí donde empieza a tener sentido ser capaz de identificar el tipo de palabra que estamos escuchando. Si identificamos un verbo probablemente estaremos ante una palabra que designa una acción, pero si identificamos un nombre probablemente estemos ante un objeto, y estos términos, *"acción y objeto"* son ya entidades semánticas que nos van a permitir entender lo que se nos está diciendo. Los verbos tienen una función predicativa mientras los nombres tienen una función referencial, suelen designar objetos que son más imaginables, más concretos que las acciones (Bird, Lambon-Ralph, Patterson y Hodges, 2000; Kemmerer y Eggleston, 2010). Entre estas dos opciones caben múltiples funciones semánticas, tanto para los verbos como para los nombres. Así, estos últimos pueden designar también acciones como la palabra *"patinaje"*, que designa la acción de *"patinar"*, o los verbos pueden designar cosas diferentes de las acciones como estados emocionales: *"deprimirse"*, o percepciones, como *"degustar"*, o estados cognitivos como *"pensar"* o *"razonar"*, o bien contenidos bastante abstractos o ambiguos y no relacionados con acciones, como *"enredar, mediar o negociar"*. Por otra parte los verbos suelen ser más complejos sintácticamente porque suelen hacer referencia a más de una entidad, en muchas ocasiones a un actor y a un objeto al mismo tiempo, sin embargo los nombres suelen hacer referencia solamente a un objeto. Así, cuando decimos *"cocinó"* el verbo exige que haya un agente de esta actividad, es decir, una persona (pero no siempre, véanse los populares robots de cocina) que está manipulando alimentos. Por lo tanto, el verbo se relaciona al mismo tiempo, de manera simultánea, por su semántica, con el agente *"cocinero"* y con el objeto *"comida"* o al menos con los *"ingredientes"*. Finamente en cuanto a su estructura morfológica los verbos también son más complejos que los nombres, en español un solo verbo tiene más de 100 formas posibles que se diferencian no solo en función de los sufijos que lleva añadidos, sino de los verbos auxiliares que se conjugan con él. La morfología flexiva del nombre es mucho más reducida, puesto que sólo designa el género y el número. En definitiva, nombres y verbos son entidades muy distintas cuya realidad cognitiva aún esta por probar y que, como decíamos al principio de este apartado, contienen información semántica distinta que sí interesa, y mucho, a la comunicación.

En la investigación psicolingüística la diferencia entre estas dos entidades ha sido recurrente y no del todo clarificadora. Las primeras evidencias que señalaban procesos cognitivos distintos para nombres y verbos provenían de la investigación con pacientes con daño cerebral. Para localizar regiones especializadas en el procesamiento de nombres y de verbos se han estudiado pacientes que han perdido la capacidad de producir nombres pero conservan la producción de verbos y al revés, pacientes que producen muchos errores en la producción de verbos pero no tienen problemas para designar objetos. Este modo de operar se ha denominado en el ámbito de la neuropsicología cognitiva *"disociación doble"*. Pues bien, aplicando esta herramienta se ha visto que el procesamiento de nombres se ubica en las áreas temporales izquierdas mientras que los pacientes con problemas verbales tienen lesionadas su áreas motoras y premotoras, situadas en las regiones frontales y prefrontales izquierdas (Damasio y Tranel, 1993; Daniele, Giustolisis, Silveri, Colosimo, y Gainotti, 1994; Rapp y Caramazza, 2002; para revisar los datos lesionales sobre la disociación nombre-verbo ver Gainotti, Silveri, Daniel, y Giustolisi, 1995; Vigliocco, Vinson, Druks, Barber, y Cappa, 2011; y para una revisión del procesamiento de acciones ver Kemmerer, Rudrauf, Manzel, & Tranel, 2010).

Los estudios de neuroimagen han tratado de profundizar en el tema de la localización afinando más en la posible relación entre la categoría gramatical y el contenido semántico de verbos y nombres. Algunos estudios sugieren que la información semántica de acción estaría representada en las áreas premotoras y motoras de la corteza cerebral independientemente de la categoría gramatical del elemento léxico que la contenga.

*Figura 11 Las áreas motoras y premotoras de la corteza se encargan de la
ejecución de movimientos, pero también podrían contener las
representaciones semánticas de las palabras que designan esas mismas
acciones.*

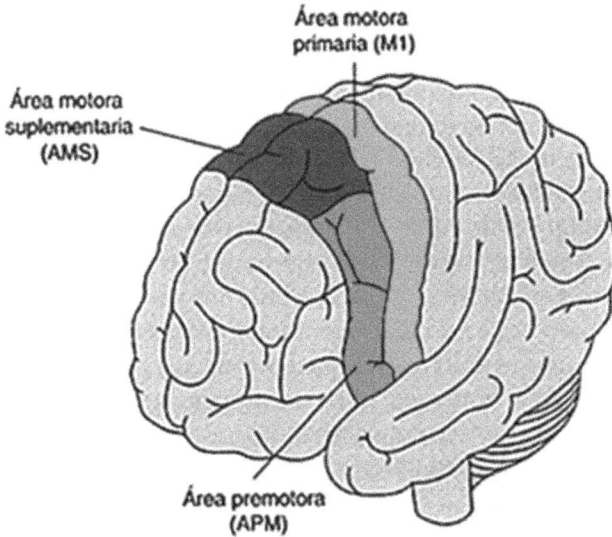

En estos trabajos no se encontraron diferencias en esta localización en
función de la palabra que se presentaba, tanto *"copa"*, relacionada con la
acción de *"coger"*, como *"saltar"*, directamente relacionada también con un
movimiento corporal produjeron activación de las áreas motoras (Oliveri,
Finocchiaro, Shapiro Gangitano, Caramazza y Pascual-Leone, 2004). Pero
esto no permite afirmar que la categoría gramatical y el significado estén tan
relacionados que no se puedan separar, de hecho Shapiro, Pascual-Leone,
Mottaghy, Gangitano y Caramazza (2001) usaron Estimulación Magnética
Transcraneal Repetitiva para inhibir el córtex prefrontal izquierdo mientras
los participantes tenían que producir el plural de nombres o verbos. En el
cuadro adjunto se pueden ver con detalle este tipo de procedimientos.

Estimulación transcraneal en pacientes afásicos.

tDCS (Estimulación transcraneal directa de corriente continua) en pacientes afásicos

La estimulación eléctrica de corriente directa se ha aplicado al tratamiento de pacientes con afasia de Broca. El montaje que ha dado mejores resultados es aquel en el que el cátodo es situado sobre el área frontal derecha homóloga al área de Broca, produciendo inhibición sobre esta región, mientras que el ánodo se situaría sobre el área de Broca izquierda. Se trata de producir una inhibición de las áreas del hemisferio derecho (HD) sanas que se sobreestimulan como consecuencia de la lesión cerebral. De esta manera se consigue que las áreas perilesionales del hemisferio izquierdo vuelva a asumir su función lingüística promoviendo la mejoría. Jung, Lim, Kang, Sohn y Paik (2011) probaron este tipo de montaje en 37 pacientes afásicos (Brocas, Wernickes, del fascículo arqueado y de la ínsula), 27 de ellos sufrían afasia no fluente. La estimulación fue de 1 mA durante 20 minutos en 10 sesiones durante dos semanas. La producción del lenguaje mejoró significativamente en la Western Aphasia Battery (buscar referencia).

Investigadores de nuestro laboratorio NEUROCOG probaron un montaje similar en una paciente afásica de conducción obteniendo una significativa mejora en pruebas de nombrado de palabras y dibujos, nombrado de pseudopalabras y repetición de palabras y pseudopalabras (Dominguez, Socas, Marrero, León, Llabrés y Enriquez, 2014). Otros estudios similares fueron realizados por Kang, Kim, Sohn, Cohen y Paik (2011) y por Lee, Cheon, Yoon, Chang y Kim (2013) quienes simultanearon la estimulación eléctrica con terapia logopédica intensiva. Varios de los pacientes tratados en estos estudios diferían de forma importante en las áreas cerebrales del HI que habían sido dañadas por el ACV y aun así la estimulación eléctrica bicefálica, junto con el reaprendizaje logopédico mostró una recuperación más importante que la terapia logopédica sin estimulación.

TMS (Estimulación magnética transcraneal) en pacientes afásicos

La estimulación magnética es mucho más costosa inicialmente que la tDCS, el equipo es más caro, pero es mucho más precisa, porque permite situar la estimulación que produce la bobina en un área de entre 1 centímetro cuadrado a 2 o 3 cm. de profundidad del cráneo.

La lógica es la misma que en la estimulación eléctrica, la inhibición del HD para que el izquierdo pueda activarse lo suficiente para cumplir su función lingüística especializada. Aquí Naeser et al (2012) han propuesto un protocolo más complejo que el de la estimulación eléctrica y que trata de afinar más en la ubicación de la estimulación. Este protocolo, llamado por ellos "best response RH ROI", consiste en una estimulación repetitiva de baja frecuencia de 1 Hz durante 10 minutos que suprime la actividad en al menos 4 regiones diferentes del (contralateral a Broca) en sesiones separadas de TMS. Se ofrecen un total de 600 pulsos magnéticos al 90% del umbral motor con una bobina en forma de 8 de 7 cm de diámetro cada círculo. Se utiliza un equipo estereotáctico que incluye la localización promedio de regiones para ser más precisos en la ubicación. Después de los 10 minutos de estimulación se le pasa al paciente una prueba de nombrado de 10 dibujos (Snoodgras y Vanderbart, normativo para españoles en Cuetos y Alija 2003). Aquella región de las estudiadas que produce una tasa de acierto más alta en estas condiciones off-line de inhibición del HD es la recomendada para las sesiones de estimulación posteriores. Estas sesiones de la segunda fase se administran durante 10 días en dos semanas consecutivas y en las mismas condiciones de frecuencia y umbral motor mencionadas. Se administra también terapia logopédica posterior a la estimulación magnética. Estudios de fMRI realizados después de una estimulación similar a esta muestran una sobreactivación del área motora suplementaria izquierda (Martin et al, 2009)

Estudios muy recientes indican que es posible que una estimulación off-line doble inhibidora en el HD y activadora con alta frecuencia, de 1–10 Hz. podrían producir resultados aún más positivos. Ambas estimulaciones deberían ser administradas de manera serial y no simultánea.

Terapia Logopédica

La estimulación eléctrica y magnética no son tratamientos efectivos por sí solos, facilitan la reactivación de redes neuronales que habían sido interrumpidas por el ACV pero deben de ser acompañadas por un reaprendizaje que consolide el uso de la red neuronal y la mantenga activa para la función que había sido utilizada antes del ictus, en este caso el lenguaje. Con la misma lógica de los efectos inhibidores del HD que hemos visto hasta ahora, la terapia logopédica también persigue inhibir cualquier estrategia compensatoria alternativa al lenguaje hablado que el paciente tienda a utilizar después de encontrarse con la dificultad de expresión oral. Esta terapia se ha llamado "*Constrain Induced Language Therapy*" (Pülvermuller y col., 2001) y consiste en sesiones intensivas de 2–3 horas justo después de la estimulación transcraneal. Básicamente se trata de hacer nombrado de dibujos y otras imágenes de escenas y sólo se permite responder con lenguaje hablado. Los pacientes tienen prohibidos los gestos, escribir o utilizar otros sonidos que no sean los del habla. Una pantalla se sitúa entre el paciente y el terapeuta para que no pueda leer sus labios. Cualquier consulta al terapeuta debe ser hecha verbalmente. Las respuestas que debe dar el paciente van siendo progresivamente más complejas y van desde el nombre de los dibujos hasta frases que incluyen varias palabras. Maher et al, 2006 informaron de que la mejoría encontrada en las distintas subpruebas del test de Boston se mantenían después de un mes de la estimulación. Otros investigadores informan del mantenimiento de la mejoría más allá de los dos meses. (Naeser y col., 2005).

Los resultados mostraron que las latencias de respuesta aumentaban sólo en los verbos y no en los nombres. Por tanto concluyeron que habría áreas neuroanatómicas distintas para las categorías gramaticales y para los significados. Pero de nuevo a favor de la interacción entre significado y categoría gramatical se encuentran estudios electrofisiológicos en los que el registro de potenciales eléctricos en el cuero cabelludo se hacía coincidir con nombres y verbos que podían tener contenido de acción o visual. Es decir, en este caso se introducían verbos como "*saltar* y *ver*" o nombres como "*patinaje* y *paisaje*". Vieron que había una onda más positiva a los 500 ms. para los verbos que para los nombres visuales en la región frontal y que los verbos no se diferenciaban en esta región de los nombres de acción (Pulvermüller, Lutzenberger y Preissl 1999).

Dada la compleja morfología de los verbos españoles se nos abren múltiples posibilidades de manipulación de las palabras para introducir nuevos datos respecto a la disociación entre categorías gramaticales y significados. Así, podemos seleccionar morfemas de raíz a los que añadir un sufijo nominal o un sufijo verbal que permita medir las diferencias entre nombres y verbos manteniendo el mismo morfema para las dos categorías gramaticales (Yudes, Dominguez, Cuetos & De Vega, 2016). Por ejemplo, si tomamos la raíz *"patín-"*, podemos añadirle el sufijo *"–ar"*, para formar un verbo, o el sufijo *"–aje"*, para formar un nombre. En los dos casos el significado de la raíz es el mismo, se refiere a una acción porque está basado en la misma raíz. En la siguiente tabla podemos ver varios ejemplos de cambios de categoría gramatical nombre-verbo tanto en acciones como en no acciones.

Nombre de acción	Verbo de Acción	Nombres de no acción	Verbos de no acción
carrera	correr	cálculo	calcular
pisada	pisar	detección	detectar
mordisco	morder	enfoque	enfocar
lametón	lamer	escucha	escuchar
persecución	perseguir	observación	observar
regate	regatear	presagio	presagiar
arañazo	arañar	previsión	prever
abrazo	abrazar	percepción	percibir
caricia	acariciar	delirio	delirar

Este sencillo control permite asegurar que las diferencias entre ambas categorías gramaticales no están contaminadas por factores semánticos. Por el mismo procedimiento podemos disociar nombres y verbos que no tienen contenido de acción, como sucede con las palabras *"sabor y saborear"*, consiguiendo así categorías de estímulos en las que la diferencia con las anteriores (*patinaje, patín*) es sólo semántica.

Este diseño experimental fue sometido por nosotros a una prueba de Potenciales Relacionados con Eventos, registrando las diferencias electroencefalográficas en el cuero cabelludo de las personas. Los resultados fueron analizados en 3 ventanas temporales distintas. En la más temprana entre los 170 y los 300 ms. los nombres produjeron amplitudes del potencial eléctrico más positivas que los verbos, mostrando una diferencia gramatical temprana. Sin embargo no se encontraron diferencias semánticas tempranas. En la figura puede verse esta diferencia gramatical similar para palabras de acción o sensoriales.

Figura 12 Diferencias en microvoltios entre nombres y verbos (colapsando el significado) en los electrodos de la region AI: Anterior Izquierda; CI: central izquierda; PI: posterior izquierda; AD: anterior derecha; CD: central derecha y PD: posterior derecha.

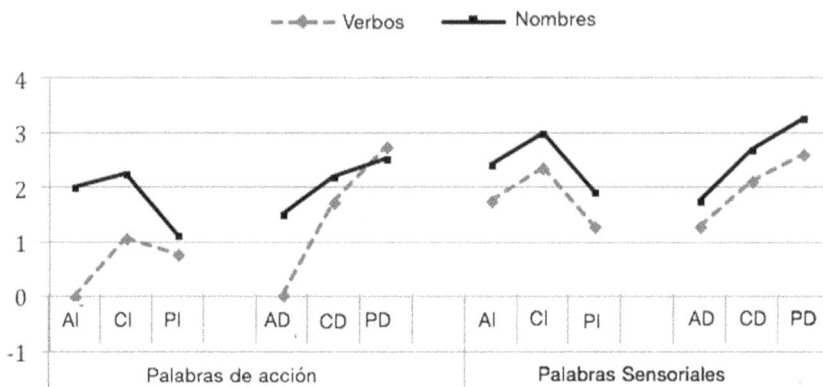

En la ventana intermedia, entre los 350 y los 500 milisegundos se obtuvo una negatividad mayor para los verbos que para los nombres localizada en los electrodos de las regiones izquierda y central. También comenzó a registrarse un efecto más negativo de las palabras motoras respecto de las palabras sensoriales, mostrando un efecto semántico por lo tanto más tardío que el efecto gramatical y situado en regiones centrales.

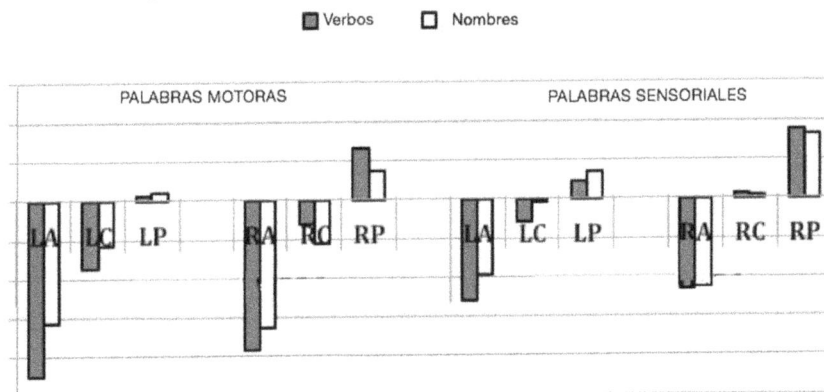

Figura 13 Diferencias en amplitud eléctrica en la ventana entre 350 y 500 milisegundos entre nombres y verbos (en microvoltios) en los electrodos de la region LA: Anterior Izquierda; LC: central izquierda; LP: posterior izquierda; RA: anterior derecha; RC: central derecha y RP: posterior derecha. Los resultados se muestran diferenciados para las palabras motoras y para las palabras sensoriales.

Estos efectos se mantendrán en la ventana más tardía, entre los 550 y los 800 milisegundos.

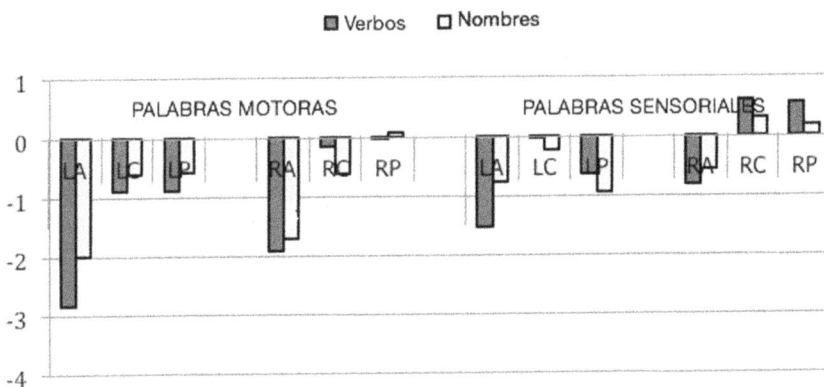

Figura 14 Diferencias entre nombres y verbos en la ventana temporal tardía entre los 550 y 800 milisegundos.

En el estudio publicado por Yudes y col. (2016) los efectos obtenidos, por tanto, estaban señalando que el análisis de las diferencias gramaticales entre

71

las palabras, es muy temprano, alrededor de los 200 milisegundos después del comienzo de la palabra y en regiones frontales izquierdas como se pone en evidencia a través de los componentes P200 y Left Anterior Negativity. La clase gramatical de la palabra parece recuperarse durante el proceso de comprensión de la misma y está especificada a nivel léxico y no postléxico (Vigliocco y col. 2011). Los rasgos semánticos, que se relacionan con significados de acción, se codifican después y sus efectos aparecen ampliamente distribuidos, tal y como refleja el componente N400.

9 Morfología y edad de adquisición

Hace más de 20 años que se comenzó a explotar esta variable que conocemos como Edad de Adquisición (EdA). Se trata de una estimación sobre el momento en que fue aprendida cada palabra, habitualmente hecha por las propias personas, y por lo tanto sin ningún control objetivo, aunque también existen métodos objetivos de recuento, basados en muestras de habla de personas de distintas edades o en la observación sobre la aparición de palabras en textos infantiles. Pero, como decimos, lo más habitual es preguntarles directamente a personas adultas la edad a las que ellos creen que aprendieron tal o cual palabra. Según el método de Carroll y White (1973) se les pedía que asignaran a cada palabra una puntuación en una escala de 7, donde 1 significaba haber aprendido la palabra antes de la edad de 2 años; 2 entre 3 y 4 años; 3 entre 5 y 6; 4 entre 7 y 8; 5 entre 9 y 10; 6 entre las edades de 11 y 12; y 7, indicaba que habían aprendido la palabra a los 13 o más años.

Hay que tener en cuenta que a pesar de utilizarse un criterio subjetivo, esta variable predice mejor los tiempos de decisión léxica y lectura que cualquiera de otras 22 variables utilizadas en un estudio de Cortesse y Khanna (2007) en el que se utilizaban más de 2000 palabras. Entre estas 22 variables se encontraba la clásica Frecuencia Léxica (FL), con la que la EdA tiene mucha similitud, por lo que los investigadores han tratado de saber si miden los mismos procesos. La FL es un recuento del número de veces que una palabra aparece en una serie de textos que puede llegar a incluir varios millones de palabras. También puede ser obtenida a partir de muestras de habla y haciendo el recuento sobre los subtítulos de las películas (Brysbaert, Barbón, González-Nosti y Cuetos, 2012). Esta última es una manera fácil de contar la frecuencia del habla de manera automática, puesto que se pueden tomar las palabras escritas que son reflejo del habla. La FL de la palabra también influye sobre los tiempos de reconocimiento de las palabras, haciendo que las más frecuentes sean reconocidas más rápidamente, como ya sabemos desde el trabajo pionero de Oldfield y Wingfield (1965).

Las palabras de alta frecuencia son las que se adquieren también tempranamente, es decir, la FL y la EdA correlacionan negativamente. Cuanto antes se adquiere una palabra más frecuente es en la edad adulta. Pérez, Marín, Navalón y Campoy (2002) obtuvieron correlaciones significativas entre EdA y FL según el Diccionario de Alameda y Cuetos (-0.43) y también la base de datos del LEXESP sobre 5 millones de palabras (-0.38). La EdA también correlaciona con el número de letras de las palabras, con su longitud (0.36) y con la familiaridad (-0.52). Estas correlaciones indican un solapamiento parcial entre estas variables, pero eso no significa que respondan a los mismos mecanismos o procesos psicológicos, porque también sabemos que cuando se manipula la EdA manteniendo controlada la FL se sigue produciendo el efecto de esta variable en la tarea de nombrado de dibujos, es decir, que pueden considerarse variables independientes (Carroll y White, 1973).

Newell y Rosenbloom (1981) propusieron el conocido principio de aprendizaje de "*power law of practice*" o "*ley de la práctica*" que se encuentra detrás de ambas variables: el tiempo necesario para realizar con éxito una determinada tarea depende directamente del número de veces que se ha realizado con anterioridad. Gilhooly y Gilhooly (1979) adaptaron esta ley a los principios de funcionamiento del Modelo Logogén de Morton (1969): el reconocimiento de una palabra disminuirá a medida que disminuya también el umbral de respuesta de los Logogenes, unidades de memoria que representan cada palabra, y esto ocurre de acuerdo al número de veces que se ha reconocido con anterioridad.

Figura 15 Modelo Logogén, características:

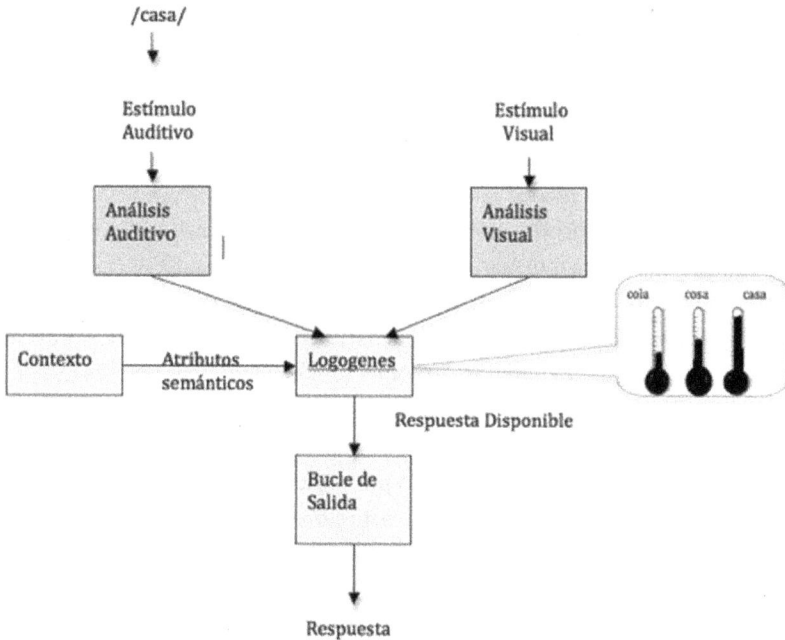

1. Los logogenes especifican los atributos de las palabras: fonológicos, ortográficos y semánticos
2. Los logogenes se activan desde dos vías:
   a. el contexto oracional de la palabra
   b. el imput sensorial
3. El reconocimiento se produce cuando el logogén alcalza un umbral
   a. Los umbrales de cada logogén son distintos dependiendo de factores como la frecuencia léxica
   b. El acceso hace que las características del estímulo estén disponibles

Una palabra de alta frecuencia se leerá más rápido y un objeto familiar será nombrado también más rápido que aquellas palabras u objetos no familiares. Según Gilhooly y Watson (1981) mientras que la FL situaría su influencia a nivel de los logogenes de entrada, la EdA lo haría sobre los logogenes de salida. Los logogenes de entrada estarían situados cerca de las entradas sensoriales, auditivas y visuales, es decir, serían más afectados por tareas de comprensión de palabras. Los de salida, por el contrario, se situarían más próximos a los efectores del habla y la escritura e influirían más sobre tareas de producción como el habla y la escritura. Es así que los efectos de la FL se darían principalmente en tareas de decisión léxica, mientras la EdA produciría efectos más importantes en tareas de nombrado de dibujos. En esta línea Cuetos y Barbón (2006) obtuvieron efectos de EdA con una tarea de *naming* y no obtuvieron efectos de frecuencia léxica, cuando sabemos que la tarea de naming se apoya sobre el léxico de salida. La FL reflejaría la activación repetida del léxico de entrada mientras que la EdA sería modulada por la menor facilidad para ensamblar fonológicamente una palabra de cara a su producción hablada. Pero estos efectos están lejos de ser definitivos porque en un estudio de Cortesse y Khanna (2007) se obtuvo el efecto contario, la EdA producía efectos más potentes en decisión léxica que en naming, y así la hipótesis de la naturaleza fonológica de salida no se sostiene, e incluso se defiende un locus semántico de sus efectos.

Alternativamente se ha formulado la *"Hipótesis del mapping arbitrario"* propuesta por Ellis y Lambon Ralph (2000) y después por Monaghan y Ellis (2002). Esta hipótesis tomó como punto de partida el comportamiento de redes conexionistas con representaciones distribuidas y entrenadas para aprender las asociaciones entre los patrones de entrada y salida de las palabras, por ejemplo, las de Harm y Seidenberg (1999, 2004) o las de Rogers y McClelland (2008). Las asociaciones entre la ortografía, la fonología y el significado se van construyendo a partir de un mecanismo de búsqueda de regularidades a medida que van siendo expuestas a los estímulos. La red va detectando regularidades en las relaciones entre ortografía y fonología de los estímulos y las respuestas se hacen cada vez más rápidas y eficaces con los estímulos regulares. Una palabra aprendida tarde, de EdA tardía, sería respondida lentamente, pero la red puede aprovechar con eficacia las correspondencias entre las entradas y salidas generadas en la presentación de otras palabras aprendidas previamente, y que tienen similitud con la nueva palabra, para responder a esta (Monaghan y Ellis, 2002). La red parte de un principio de redundancia. Una ortografía que se ha visto asociada muchas veces con una pronunciación determinada se aplicará de la misma manera a una palabra nueva con una ortografía similar. Por lo tanto la hipótesis del *"mapping"* es que los efectos de EdA serán más importantes en aquellas palabras en las que existen una inconsistencia entre la forma ortográfica y fonológica de la palabra. La pronunciación de una palabra regular se procesará usando la asociación aprendida, es decir, una regla. Sin embargo una palabra irregular debe ser almacenada con su pronunciación peculiar en el léxico fonológico. La EdA representa la antigüedad de las huellas léxicas en la memoria y por tanto actuará aumentando o disminuyendo el tiempo de reconocimiento de las palabras que se encuentran en la memoria. Monaghan y Ellis (2010) vieron que las palabras diferían en su reconocimiento en función del momento en el que fueran entrenadas en la red (EdA) y variaban más en tiempo de reconocimiento cuanto más inconsistentes eran.

La predicción fundamental que permite realizar la *"Hipótesis del mapping arbitrario"* es que en idiomas transparentes los efectos de la EdA deben ser mínimos puesto que no existe inconsistencia ortografía-fonología. Esta disminución de los efectos en italiano ha sido probada en varios trabajos (Bates, Burani, D'Amico y Barca, 2001; Burani, Arduino y Barca, 2007, Dell' Acqua, Lotto y Job, 2000; y Menenti y Burani, 2007). En español, por el contrario se ha comprobado que la variable EdA produce efectos potentes en diversas tareas, aun cuando es una lengua muy regular en cuanto a la relación entre ortografía y fonología (Cuetos, Ellis y Álvarez, 1999; Cuetos, Barbón, Urrutia, Domínguez, 2009; Cuetos, Álvarez, González-Nosti, Meot, y Bonin, 2006; Pérez, 2007, Wilson, Ellis y Burani, 2012). ¿Por qué la EdA tiene ese impacto en un idioma que es muy regular? un idioma que durante la lectura permite pronunciar cualquier palabra sin equivocarse aunque nunca se haya visto, simplemente aplicando reglas de conversión de grafemas en fonemas.

Pensamos que las relaciones entre ortografía y fonología no son las únicas susceptibles de irregularidad sino que habría que tener en cuenta el significado. Y es en este lado del triángulo de relaciones y asociaciones, en el significado, donde encontramos, en Español, una inconsistencia notable: la que se produce muy frecuentemente entre las formas derivadas de una palabra y la forma base de la misma. Por ejemplo *"lácteo"* es un derivado de *"leche"* y *"febril"* lo es de *"fiebre"*. En ambos la raíz ha cambiado su forma fonológica y ortográfica, aun cuando su significado es compartido en las dos palabras. Nuestra hipótesis es que las palabras irregulares de este tipo producirán efectos de EdA mayores que aquellas palabras derivadas cuya raíz no cambia respecto de la palabra base.

Las relaciones morfológicas de las palabras constituyen redes de asociaciones aún más inclusivas que las meras relaciones entre formas ortográficas y formas fonológicas. Esto es así porque los morfemas son unidades habitualmente más pequeñas que las palabras que incorporan un significado: "*careta*" se relaciona con "*cara*" porque comparte una parte de sus letras iniciales, de su fonología y de su significado. Este ámbito triangular de relaciones permite establecer predicciones acertadas sobre el significado de palabras que las personas ven o escuchan por primera vez, basándose en los morfemas de raíz y afijos que comparten con otras palabras que han visto o escuchado antes. Pero las relaciones morfológicas, en español, están condicionadas por una importante inconsistencia o irregularidad. La irregularidad morfológica puede estar basada en distintos lados del triángulo de relaciones (Domínguez y Cuetos, 2011):

1. La regularidad ortográfica supone que cuando se añade un afijo a una raíz no se produzcan en esta raíz cambios ortográficos o fonológicos. Por ejemplo, el verbo "*comer*" es ortográficamente consistente. A partir de "*com-*" en el infinitivo "*comer*" puedo formar un pasado imperfecto, "*comía*", sin perder ningún atributo ortográfico o fonológico de esa raíz "*com-*". Sin embargo cuando quiero obtener el mismo tiempo pasado a partir de la raíz "*ser*", obtengo "*era*", que ha perdido todas las características fonológicas y ortográficas de la raíz. En este caso no puedo proceder para su producción a mi conocimiento de otras palabras de su misma familia para obtener la forma en pasado, porque si añado "*–ía*" a la raíz no consigo el pasado, sino el condicional "*sería*".

2. La regularidad semántica es la segunda cara de las relaciones morfológicas. Cuando se añade un afijo a una raíz deben permanecer los rasgos semánticos de la raíz. El afijo le añade otros rasgos semánticos, pero esto no debe suponer una modificación del significado. A partir de la raíz "*espos-*" puedo formar el género femenino adjuntando –a, o el masculino, adjuntando –o. La raíz, cuando está libre, significa "*persona adulta casada*" y con el sufijo –o significa "*persona adulta casada y hombre*" y con el sufijo –a significa "*persona adulta, casada y mujer*". Sin embargo si adjuntamos estos sufijos de género a la raíz "*minut-*" obtendremos "*minuta*", es decir "*factura detallada por la adquisición de un objeto o servicio*" y por otro "*minuto: cada una de las 60 partes de una hora*".

El incumplimiento de estas condiciones producirá palabras que llamaremos morfológicamente irregulares. El acceso a su representación léxica y semántica no puede realizarse tomando como punto de partida la raíz e implementando una regla de composición morfológica. Por eso es obligatorio que estas palabras tengan una representación separada en el léxico y que su acceso se produzca de modo directo por asociación entre el input y el trazo de memoria correspondiente. No valdría basarse en las relaciones de significado y formales de otras palabras de su misma familia morfológica. Nuestra predicción en relación a este tipo de estímulos es que según la hipótesis del *mapping* ortográfico las diferencias en EdA serían más importantes en las palabras derivadas irregulares que en las regulares, en palabras como "*minuto*" y "*minuta*", así como "*ser*" y "*era*" tendrían respecto a palabras como "*esposa*/esposo" o "*niña*/niño".

La pronunciación de una palabra ortográficamente regular puede basarse en la de otras palabras aprendidas previamente, por eso la EdA no es un factor importante en el reconocimiento de estos estímulos. Pero como la pronunciación de las irregulares tiene que partir de asociaciones establecidas en la memoria para cada caso particular, la EdA será un factor importante en la eficacia y velocidad de producción. En el ámbito morfológico, el modelo mixto de Caramazza, Laudanna y Romani (1988) incluye dos vías de procesamiento:

1. Ruta de segmentación: incluye un acceso a la raíz y afijo(s) de la palabra y un procedimiento para adjuntar los afijos. Se usa para palabras regulares, palabras infrecuentes o palabras nuevas.

2. Ruta directa: supone un acceso directo y completo a la representación de la palabra. Se usa para palabras morfológicamente irregulares y palabras frecuentes.

Algunas características de la EdA y su relación con la estructura morfológica de las palabras fueron extraídas de un estudio normativo llevado a cabo en nuestras aulas, con estudiantes españoles, y simultáneamente en la Universidad de Swansea con estudiantes ingleses (Davies, Izura, Socas, y Dominguez, 2016). Solicitábamos a los participantes que cuantificaran 1054 palabras derivadas y palabras simples en EdA e imaginabilidad.

Se llevaron a cabo comparaciones estadísticas entre las variables suministradas para las formas de las palabras base (monomorfémicas no derivadas –leche–) y complejas (derivadas –lechera–) sobre la EdA e imaginabilidad. Los valores de frecuencia de palabras, número de fonemas, número de letras, número de sílabas, número de vecinos ortográficos y tamaño de la familia morfológica de todas las palabras consideradas en el estudio (es decir, palabras simples y complejas) también se incluyeron en los análisis. Kuperman, Stadthagen-González y Brysbaert (2012) en su base de datos habían correlacionado los tiempos de decisión léxica tomados del English Lexicon Project (Balota et al., 2007) de 10.011 palabras flexionadas con su EdA y con otras variables. Davies y col. (2016) llevaron a cabo un trabajo similar con las palabras simples y derivadas. En primer lugar había una alta correlación entre la EdA y los tiempos de reacción de estas palabras, por lo tanto, la EdA de palabras morfológicamente compuestas predice los tiempos de reacción en una tarea de decisión léxica. Además, la EdA de las palabras base monomorfémicas es más temprana que la EdA de las palabras derivadas. Primero se aprenderían las palabras simples y después las palabras morfológicamente complejas (Reilly y Kean, 2007). Esta hipótesis también se apoya sobre las altas correlaciones entre tamaño de las palabras en número de letras y EdA, puesto que las palabras más largas suelen ser morfológicamente complejas. Podríamos decir que los niños aprenden primero las palabras más simples, morfológicamente hablando, y después sobre ellas podrían construir, suponemos que aprendiendo el uso de reglas de composición, palabras morfológicamente complejas, adjuntando a las raíces los sufijos, prefijos, etc. La segunda conclusión se refiere a la alta correlación entre imaginabilidad y EdA. Otro dato interesante es que las palabras simples son más imaginables que las palabras derivadas de ellas. Evolutivamente se ha comprobado empíricamente que el proceso de aprendizaje de palabras empieza por los sustantivos de objetos, palabras concretas por lo tanto, y sólo después se aprenden las palabras abstractas (Bloom, 2000). Las primeras son aprendidas por señalamiento, la madre indica con un gesto el objeto al que se está refiriendo en su habla. Es lo que se llama modelo *"ostensivo"* entre los expertos en la adquisición del lenguaje. Es un modelo de co-referencia porque implica a dos personas y un objeto. Si el procedimiento de aprendizaje es éste, las palabras de alta imaginabilidad deben ser las primeras en aprenderse. El modelo ostensivo no serviría para el aprendizaje de las palabras abstractas, que junto con el nombre de las categorías supraordinadas, se aprenderían por procedimientos distintos (Gillette et al. 1999; Gleitman et al. 2005). Al contrario de las palabras concretas, el significado de las palabras abstractas se adquiriría a través del lenguaje, de explicaciones, definiciones, ejemplos, etc. (Tomasello y Akhtar 1995; Baldwin et al. 1996; Bloom 2002; Mestres-Misé, Rodríguez-Fornells y Münte, 2007). En conclusión las palabras derivadas parecen aprenderse más tarde que las palabras base y tienen significados más abstractos o menos imaginables.

Vistos estos resultados las palabras derivadas pueden ser un buen terreno para poner a prueba la *"hipótesis del mapping arbitrario"* (Ellis y Lambon Ralph, 2000) ya que las palabras morfológicamente relacionadas, como *"tierra"* y *"terrero"*, mantienen lazos a tres niveles distintos: el ortográfico, el fonológico y el semántico. Como dijimos antes, a diferencia de las relaciones entre la ortografía y la fonología española, que mantiene una regularidad extremadamente alta, las relaciones morfológicas tienen un alto grado de irregularidad. Lo que nos planteamos es que la *"hipótesis del mapping"* quizás podría ser entendida *"sensu lato"* y que afectaría no sólo a la irregularidad ortográfico-fonológica como en el caso del inglés, sino a otro tipo de irregularidades, como la morfológica, en el caso del español, o a la irregularidad del acento léxico, como sucede en el caso del italiano (Wilson, Ellis y Burani, 2012).

Una pista inicial de que la EdA en español podría estar determinada por la irregularidad morfológica es que ésta produce diferencias significativas en tareas que tienen demandas tanto a nivel léxico-semántico, como la decisión léxica, como en tareas que pueden ser resueltas en niveles inferiores, como la tarea de nombrado (lectura en voz alta) que exige sólo la aplicación de reglas de conversión grafema-fonema. En el esquema siguiente se exponen los procesos que ocurren antes y después de ejecutar las tareas de nombrado (arriba) y decisión léxica (abajo) cuando se presenta una palabra para su lectura. Ambas tareas pueden implicar procesos de conversión de grafemas en fonemas (subléxicos), pero después en el nombrado se produce la articulación de los fonemas y directamente la emisión de la palabra. Sin embargo en la decisión léxica, después de los procesos de conversión grafema-fonema se procederá acceder al léxico fonológico para reconocer la palabra antes de tomar la decisión. Finalmente, después de las tareas se puede producir el acceso al léxico y al significado en el nombrado o al significado directamente en la decisión léxica.

Estímulo	proceso	proceso	**salida**	proceso	proceso
Palabra →	subléxico →	articulatorio→	**nombrado** →	léxico	semántico
Palabra →	subléxico →	léxico →	**decisión léxica** →	semántico	

La EdA había sido ya puesta a prueba en varias ocasiones en español (Cuetos, Álvarez, González-Nosti, Meot, y Bonin, 2006; Pérez, 2007), incluso con la técnica de potenciales evento-relacionados en una tarea de lectura silenciosa (Cuetos, Barbón, Urrutia, Domínguez, 2009), sin embargo, nunca con palabras derivadas de otras palabras base. Los resultados obtenidos en nuestro laboratorio (Socas, 2015) demuestran que el efecto EdA no sólo se da en palabras morfológicamente simples sino en aquellas compuestas de una raíz y un sufijo derivativo, es decir, con significados compuestos, como *"lechera"*. Por su parte la importancia de la complejidad morfológica del español para el reconocimiento de palabras ha sido puesta a prueba en numerosos estudios (Dominguez, de Vega y Barber, 2004; Dominguez, Alija, Cuetos y De Vega, 2006; De Vega, Urrutia y Dominguez, 2010; Dominguez, Alija, Rodríguez-Ferreiro y Cuetos, 2010; Álvarez, Urrutia, Dominguez y Sánchez-Casas, 2011; Duñabeitia, Kinoshita, Carreiras y Norris, 2011; Beyersmann, Duñabeitia, Carreiras, Coltheart y Castles, 2013).

Según la hipótesis del *"mapping"* la variable EdA se manifestará con más fuerza en aquellas palabras cuyo reconocimiento o cuya producción no puede hacerse por similitud con otras palabras aprendidas antes. Si podemos realizar el reconocimiento basándonos en reglas, el efecto EdA no será significativo puesto que este efecto está basado en el acceso a las representaciones de memoria (Ellis y Lambon Ralph, 2000; Monaghan y Ellis, 2002; Monaghan y Ellis, 2010). Si no se consulta la memoria, porque se aplican reglas, el efecto no sucederá. Sin embargo si las palabras tienen una pronunciación que es inconsistente con otras palabras que se le parecen ortográficamente, o bien, como en nuestro caso, las palabras derivadas cambian la forma ortográfica de la raíz con respecto a la palabra base de la que proceden, esperaríamos que el efecto de la EdA sea mayor.

Nosotros hemos llevado a cabo una serie de experimentos para poner a prueba estas hipótesis del mapping arbitrario *"ampliado"* (Socas, 2015). En general, cuando se mantiene controlada la frecuencia léxica y se manipula la edad de adquisición en palabras derivadas los efectos de esta última se evidencian de nuevo en español. Además estos efectos son significativamente mayores en las formas derivadas irregulares con lo cual demostramos que la EdA puede estar produciéndose en nuestro idioma más por la irregularidad morfo-fonológica que por la irregularidad ortográfico-fonológica.

Este efecto desequilibrado de la EdA a favor de las formas derivadas irregulares se produce cuando se manipula la irregularidad fonológica, el tipo de palabras como "*lácteo*" a partir de "*leche*", y no se produce esta diferencia entre palabras irregulares y regulares cuando se usan palabras morfológicamente opacas como en el caso de "*careo*" con respecto a "*cara*" y palabras semánticamente transparentes como "*careta*" respecto a "*cara*". Estos resultados permiten extraer algunas conclusiones interesantes:

1. La EdA parece una variable distinta de la frecuencia léxica ya que cuando esta última se mantiene constante los efectos de la EdA siguen siendo significativos.
2. La EdA produce diferencias en palabras derivadas con lo cual puede ser considerada una variable relacionada con los morfológico.
3. La EdA tiene una naturaleza fonológica y no semántica.

Brysbaert, Lange, & Van Wijnendaele, (2000) Brysbaert, Van Wijnendaele, & de Deyne (2000) y Ghyselinck, Lewis y Brysbaert (2004) han reportado efectos más importantes de la EdA sobre la decisión léxica, la generación por asociación y la clasificación semántica que sobre el nombrado de palabras, defendiendo así un origen semántico del locus de actuación de la EdA. Además, que existe una línea de investigaciones que viene defendiendo que, en tareas de lectura en voz alta en español, los efectos de la EdA están vinculados con la imaginabilidad de los ítems utilizados, es decir, una interpretación también semántica de la variable. Es el caso de los trabajos de Cuetos y Barbón (2006), Willson, Cuetos, Davies y Burani (2013) y también Davies, Barbón y Cuetos (2013) donde realizan un Análisis de Componentes Principales sobre el nombrado de 2764 palabras españolas y cuyo cuarto componente asocia los efectos de EdA a la frecuencia léxica y a la imaginabilidad, no resultando la EdA en ningún caso un factor independiente determinante de los tiempos. Nuestros resultados, sin embargo, no van en esta dirección. Es verdad que nuestras manipulaciones incluyen estímulos que son bastante diferentes de los utilizados por ellos, palabras derivadas, pero el hecho de obtener efectos de la EdA con la tarea de nombrado de palabras y los efectos diferenciados de la regularidad fonológica respecto de la ausencia de diferencias cuando se manipula la relación semántica, parecen defender una naturaleza morfofonológica de la variable EdA en español y no semántica.

Otras manipulaciones que hemos hecho incluyen muestras experimentales que manipulan la EdA de la palabra base (de la que procede la palabra derivada a reconocer, "*leche*", por ejemplo) y se mantiene constante la EdA de la palabra presentada, la derivada (v.g., *lácteo*). El efecto más importante es la inversión del efecto de EdA, denotando una competición entre representaciones léxicas. Cuando se presenta una palabra derivada de EdA tardía que procede de una palabra base de EdA temprana los tiempos son más largos que cuando esa misma palabra derivada procede de una base de EdA tardía. Este efecto inverso de la EdA, a EdA temprana tiempos más largos, se debe a la competición de la palabra derivada con la representación en memoria de la palabra base. Como la derivada tiene una activación más baja que la base tiene que competir con ella para ser reconocida y los tiempos se alargan (Socas, 2015). Otros experimentos en inglés (Baayen et al., 2007; Burani y Thornton, 2003; Taft, 2004), manipulando la frecuencia léxica, van en esta misma dirección. Taft (2004) llamó a este efecto "*The reversed frequency effect*". Como conclusión podemos decir que los procesos que dan cuenta del efecto de la EdA en español podrían estar relacionados con la estructura morfológica de las palabras, al menos en el reconocimiento de palabras derivadas como las que nosotros hemos utilizado en estos experimentos de decisión léxica.

10 Diferencias de género (sexual) en el uso de la morfología

Muchos trabajos sitúan las diferencias lingüísticas entre hombres y mujeres en la capacidad de aprender palabras, en la fluidez verbal (Kolb y Whishaw, 2001; Mildner, 2008; Pinker, 2007), y en diferencias cerebrales que podrían estar en la base de esta capacidad específica (Shaywitz y col. 1995). Tales diferencias podrían estar justificadas evolutivamente (Wallentin, 2009). Nuestros antepasados homínidos cazadores-recolectores mostraban una especialización muy notable en la división del trabajo. Los hombres realizaban largas y solitarias jornadas de cacería mientras que las mujeres, dentro del poblado, establecían las relaciones sociales, y se encargaban de la crianza y educación de la prole. Es por ello que, entre los rasgos femeninos más apreciados por los hombres se encontraba la habilidad comunicativa de las mujeres puesto que su sociabilidad era muy importante para tener éxito en la crianza de los hijos dentro de los poblados. La fluidez verbal se constituiría así en una habilidad básica, seleccionada por el medio en el sexo femenino, para el mantenimiento de la especie.

Una de las tareas más utilizadas para estudiar las diferencias entre hombres y mujeres es la que mide fluidez verbal, donde los participantes han de decir el mayor número de palabras posibles en un tiempo determinado. Un estudio de estas características fue el de Weiss, Kemmler, Deisenhammer, Fleischhacker y Dalazer (2003) en el que se evaluó a un total de 97 estudiantes universitarios y se encontró que las mujeres obtenían mejores resultados. Sin embargo, en otro estudio de Tombaugh, Kozak, y Rees (1999), con 1300 participantes, encontraron que la fluidez verbal no producía diferencias de género. Parece que las evidencias en este terreno no son del todo concluyentes. Hyde y Linn (1988), realizaron un análisis de 165 estudios llevados a cabo en América con distintas tareas lingüísticas, tanto a adultos como a niños. Encontraron que en el 27% de esos estudios las mujeres obtenían mejores resultados que los hombres, el 66% no encontraban diferencias significativas, y finalmente en el 7% restante los hombres eran mejores que las mujeres. Fenson y col. (1994) y Feldman y col. (2000) estudiaron el desarrollo comunicativo de un gran número de niños americanos entre

1 y 2 años. Vieron que las niñas obtenían una puntuación mayor que los niños, pero esta diferencia no era significativa. Además, Bornstein y col. (2004) vieron que las ventajas que tienen las niñas están condicionadas por la edad y desaparecían aproximadamente a los 6 años. Finalmente, Kramer y col. (1988) en un estudio con 136 niños en edad escolar, observaron que las niñas tenían mejores resultados en las agrupaciones semánticas mientras que los niños los obtenían en tareas de agrupación en serie. Más adelante repitieron el estudio con niños de 5 a 16 años y encontraron nuevamente diferencias en todos los grupos de edad. Las niñas tenían un rendimiento verbal superior y mejor organización semántica, aunque los niños tuvieron mejor media de vocabulario.

McGlone (1980) defiende que los hombres presentan una dominancia del hemisferio izquierdo mientras que las mujeres están más bilateralizadas. Sin embargo otros autores (Fairweather, 1982; Boles, 2005), tras un estudio de metaanálisis, no encontraron diferencias de lateralización del lenguaje ni en niños ni en adultos. En cuanto al tamaño, se ha encontrado que el cerebro masculino es alrededor de un 8% mayor que el de las mujeres (Chen, Sachdev, Wen & Anstey, 2007; Good y col., 2001; Kruggel 2006), tiene un mayor volumen de materia gris (Chen, Sachdev, Wen, y Anstey, 2007; Good, Johnsrude, Ashburner, Henson, Friston y Frackowiak, 2001; Kruggel 2006; Lemaitre, Crivello, Grassiot, Alpérovitch, Tzourio y Mazoyer 2005) y un mayor número de neuronas (Pakkenberg y Gundersen, 1997), pero no parece que esto determine diferencias en el uso del lenguaje. Algunos estudios como el de Chen y col. (2007) y Good y col. (2001) encontraron algunas diferencias en las áreas específicamente lingüísticas, pero ambos estudios sólo coinciden en señalar un mayor volumen de materia gris en la región cingulada anterior en las mujeres.

En el nivel fisiológico, algunos autores han sugerido que existen efectos de hormonas gonadales, como la testosterona, la progesterona y el estrógeno sobre aspectos evolutivos de la organización del lenguaje (Hines, 2002). Como se ha visto en los párrafos anteriores las evidencias respecto a las diferencias de género, tanto en el uso del lenguaje como en lo que se refiere al sustrato neurológico del mismo, no parecen tampoco concluyentes. Tal es así que las publicaciones en este campo no dejan de crecer en los últimos años.

La producción de verbos y el uso de reglas para tal fin han generado una nueva controversia en relación a las diferencias de género. Las formas verbales pueden ser regulares o irregulares. Cuando son regulares pueden ser producidas aplicando reglas de composición, adjuntando a la raíz un sufijo que permite producir la forma correcta. Sin embargo, cuando son irregulares la aplicación de estas reglas produce una sobrerregularización de la forma verbal, como cuando decimos *"producí"* en lugar de *"produje"*. Este patrón es muy frecuente en niños en pleno desarrollo lingüístico (Marcus, Pinker, Ullman, Hollander, Rosen y Xu, 1992, Maratsos, 2000; Malsen, Theakston, Lieven y Tomasello, 2004), pero también se ha encontrado en pacientes anómicos, con dificultades para acceder a su memoria léxica, y sin embargo, con habilidades preservadas de aplicación de reglas (Cuetos y col., 2007). Tal fenómeno encaja en las predicciones propuestas por el modelo de doble ruta morfológica (Chialant y Caramazza 1995, Schreuder y Baayen 1995, Clahsen 1999, Pinker 1999) con una ruta directa a la memoria léxica para las formas irregulares y una vía de aplicación de reglas para las formas regulares.

Por lo visto hasta ahora parece que las mujeres son mejores que los hombres en las pruebas de memoria verbal (Halpern, 2000; Kimura, 1999; Kramer, Delis, Kaplan, O'Donnell & Prifitera, 1997) y que por tanto tendrán un acceso a su léxico más rápido y eficiente. Esto podría explicar por qué las niñas aprenden las palabras más rápido que los niños y por qué son mejores recordando nombres en las pruebas de fluidez verbal (Halpern, 2000; Kimura, 1999). También nos permitiría predecir que las niñas tendrían menos errores de sobrerregularización que los niños. Es decir, los niños dirían más veces *"producí"* en lugar de *"produje"* que las niñas porque usarían las reglas de composición con más frecuencia que las niñas. Hastshorne y Ullman (2006) en un estudio realizado con 25 niños de entre 1 y 5 años encontraron diferencias de género en la sobrerregularización. Propusieron una tarea de elicitación en la que los niños y las niñas tenían que continuar una frase con un verbo que exigía un cambio de tiempo verbal.

Todos los días me como una manzana, ayer, como todos los días, me .... Una manzana.

Si los verbos eran irregulares, como en el caso siguiente,

Todos los días vuelvo de mi casa a las 7, ayer, como todos los días, ... de mi casa a las 7

y aplicamos una regla para su producción, estaremos tomando la forma del presente para producir el pasado, de tal manera que continuaremos la frase diciendo *"vuelví"* en lugar de *"volví"*, que es la forma correcta, es decir, estaremos cometiendo un error de regularización y esto nos dará una pista de que nuestras niñas y niños están usando reglas de composición morfológica de manera indiscriminada.

Pero las hipótesis de Hastshorne y Ullman no se vieron ratificadas en esta investigación. Cuando pasaron la prueba a los niños y niñas vieron que estas últimas hacían más sobrerregularizaciones que los niños, lo cual iba en contra de la hipótesis inicial de que ellas utilizarían con más frecuencia el acceso directo a memoria y no tanto las reglas. Como en tantas ocasiones, los investigadores, al encontrarse con este resultado sorprendente trataron de ver por qué se había producido y vieron que las sobrerregularizaciones se daban específicamente en aquellos verbos que pertenecían a vecindarios léxicos ampliamente poblados, es decir, eran verbos cuya fonología era muy similar a la de muchos otros verbos. Una palabra con muchos vecinos es aquella que se parece a otras muchas porque comparte con ellas muchos fonemas o grafemas. Esta variable se ha manipulado en diversos experimentos tomando como vecinos aquellos que comparten todas las letras excepto una. En nuestro caso de los verbos, las niñas tomarían el verbo *"producir"* y lo conjugarían en pasado por similitud con otros verbos como *"prohibír"*. Si *"prohibir"* da como resultado *"prohibí"*, *"producir"* dará como resultado *"producí"*. Estaban usando, finalmente, la ruta directa y no la composición por reglas.

Los resultados de este estudio se pusieron en relación con el modelo de memoria *declarativa/procedimental* que Ullman utiliza, que no es ni más ni menos que una versión neuropsicológica del modelo de doble ruta morfológica ya comentado. Sin embargo, hay que tener en cuenta que algunos autores han tratado de replicar los resultados de Hartshorne y Ullman sin demasiado éxito (Kidd y Lum, 2008).

En un estudio de producción verbal de pasado realizado por nosotros con niños de 5 y 7 años hemos visto que los procesos de aplicación de reglas morfológicas para la producción verbal tiene un uso mayor en la etapa de primaria que en infantil, como señala la interacción entre regularidad y curso encontrada, en los cursos más altos se producen más errores de sobrerregularización (Dominguez, Izura y Medina, 2018). También observamos diferencias en la adquisición de la producción verbal entre los niños y las niñas. Las niñas mostraban mayor habilidad que los niños a los 5 años, mientras que a los 7 años el número de formas correctamente producidas de los niños superaba al de las niñas como puede verse en la figura. Por lo tanto se observaba un patrón evolutivo distinto asociado al género.

Figura 16 Media de aciertos en la producción de verbos de los niños de 5 años, en preescolar y 7 años, en primaria.

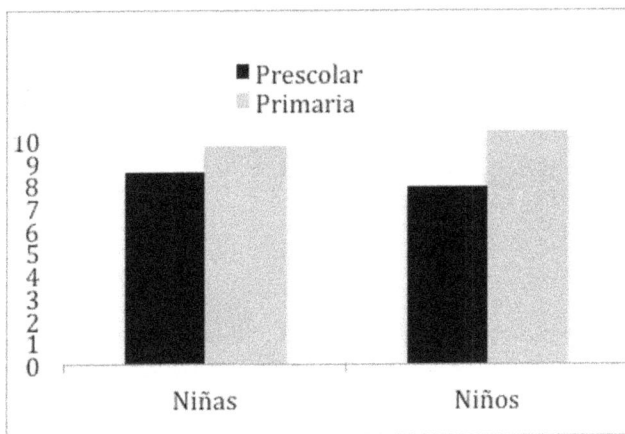

Nosotros distinguimos entre dos tipos de errores de sobrerregularización: la de infinitivo y la de presente. La regularización de presente conserva la raíz del presente ofrecida en la prueba "*Todos los días mantengo una conversación, ayer como todos los días...... una conversación*". Una regularización de presente para este ejemplo que ha sido recogida en nuestros resultados es "*mantengui*". Es una regularización que copia el ejemplo y trata de adivinar la raíz a partir de él, añadiendo después el sufijo de pasado. Por el contrario, la regularización de infinitivo implica, bajo nuestro punto de vista, el uso de una representación más abstracta, no presente en la frase que se les proporciona. Un ejemplo de este tipo de sobrerregularización es "*mantení*", a partir del infinitivo "*mantener*" en lugar de "*mantuve*". Esta regularización de infinitivo muestra un conocimiento más abstracto de las reglas morfológicas para la producción verbal que la de presente, en la cual el hablante se limita a tomar la forma presentada y le adjunta un sufijo. Pues bien, sorprende el número de sobrerregularizaciones de infinitivo, que es mayor a los 7 que a los 5 años, si no fuera porque este tipo de errores señala un conocimiento morfológico más abstracto en los niños mayores, como se ve en la figura. La tendencia contraria se observa en los errores de regularización de presente que indican un uso de reglas más superficial y de bajo nivel.

Figura 17 Tanto por ciento del total de regularizaciones para cada curso y género.

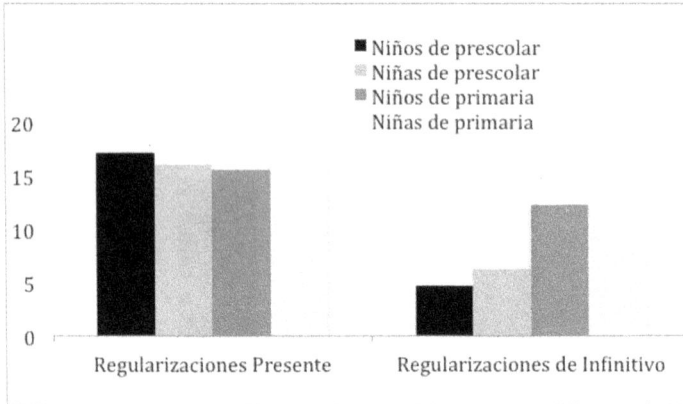

También los niños mayores hacen menos errores de cambio de tiempo, número y persona. A la vez, la interacción entre la frecuencia léxica y el curso señala que, los niños más pequeños, al usar menos las reglas de producción, muestran una mayor influencia de la familiaridad de los ítems ya que hacen un uso más extendido de las formas almacenadas en su memoria léxica. En el análisis cualitativo el número de omisiones y de repeticiones es mucho más alto en infantil que en primaria, lo cual señala un conocimiento léxico más avanzado en los niños de mayor edad. Tendríamos que pensar que los niños más pequeños usan de manera más asidua la ruta directa aún cuando tienen menos representaciones almacenadas en su memoria léxica y que los niños mayores han aprendido a usar reglas de producción morfológica, por lo que, cuando se encuentran con formas irregulares, van a producir errores de regularización.

En cuanto a las diferencias encontradas con respecto al género, en el uso de reglas morfológicas, se observa que empiezan a producirse en primaria y no se manifiestan en la etapa de infantil. La interacción entre el género y la regularidad y el género y la frecuencia léxica sólo aparecen en el análisis separado de los datos del curso de primaria y no en educación infantil. Sin embargo en el análisis cualitativo se ven diferencias importantes en las repeticiones, cometiendo menos las niñas en infantil y también más regularizaciones de infinitivo y errores de cambio de tiempo, número o persona. Estos datos parecen ir en la dirección de una maduración más temprana de las niñas tanto en el almacenamiento de formas verbales en la memoria, como del uso de reglas de producción morfológica. Ya en primaria el panorama cambia notablemente ya que son los niños los que hacen menos omisiones y repeticiones, más errores de regularización de infinitivo y más errores de cambio de número, tiempo o persona verbal. Es decir, tanto la ruta directa de acceso a las formas verbales almacenadas como la composición por reglas empiezan a madurar en los niños a los 7 años. En este aspecto los resultados coinciden, salvando las distancias, con el trabajo de Bornstein, Hahn y Haynes (2004) en el que afirmaban que la habilidad lingüística de las niñas es superior a la de los niños sólo hasta la edad de 6 años.

Figura 18 Número medio de aciertos en verbos regulares e irregulares según el género.

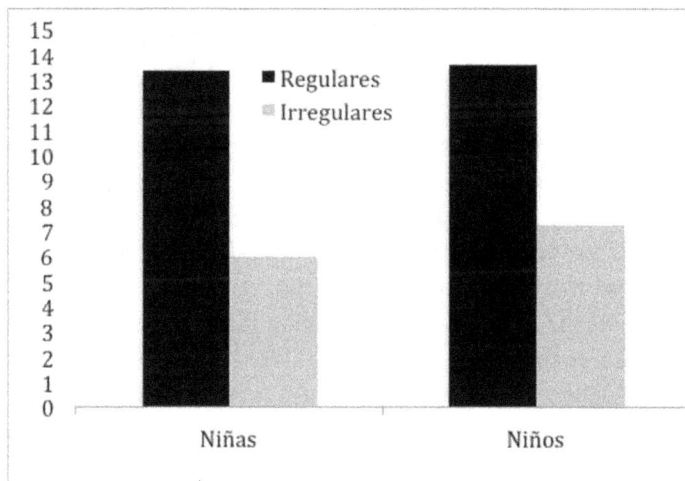

En general parece haber, tanto en los niños como en las niñas, una evolución de los dos procedimientos de producción verbal señalados antes, ya que tanto la frecuencia léxica de los verbos como la regularidad muestran un influencia mayor a medida que pasa el tiempo. Esta evolución simultánea podría ser interpretada como un apoyo a los modelos conexionistas de aprendizaje de la lengua, según los cuales la producción verbal estaría basada en un único mecanismo ortográfico de aprendizaje. Así, el aprendizaje de las familias morfológicas de verbos estaría fundamentado en la similitud ortográfica de todas las formas de un mismo verbo y no en la aplicación de reglas (Plunkett & Marchman, 1993). Un problema para este punto de vista es explicar cómo se pueden adquirir las formas irregulares de los verbos que precisamente modifican la composición ortográfica de la raíz del verbo al cambiar el modo, el tiempo o la persona, es decir, los verbos irregulares. Sin embargo, estos autores apuntan que los verbos irregulares mantienen un gran parecido ortográfico entre sus formas que permitiría inferir la pertenencia de esas formas al mismo verbo. Realmente en español es así, puesto que existen lo que podríamos llamar "familias de verbos irregulares", por ejemplo aquellos que solo varían en una vocal respecto de un diptongo, como *"vuelvo"* respecto a *"volver"*, *"tuerzo"* respecto a *"torcer"* o *"cuento"* respecto a *"contar"*. Las formas muy irregulares como *"voy"* respecto de *"fui"* son realmente escasas aunque, por supuesto, pueden ser muy frecuentes como formas individuales. Por lo tanto podemos decir que el parecido ortográfico entre formas del mismo verbo se mantiene y puede ayudar, como en los verbos regulares, a extraer el parentesco morfológico, y por lo tanto el significado común de las formas. Sin embargo, un efecto difícil de explicar por los modelos de una sola vía en nuestros datos es el mayor impacto que tiene la familiaridad de los verbos, su mayor frecuencia de uso, en las formas irregulares. Si la similitud ortográfica fuera el único aspecto que se procesa, así como la relación semántica, posteriormente, a la hora de producir un verbo, ¿por qué la familiaridad del estímulo debería ser más determinante en las formas irregulares? Más bien, la familiaridad de los verbos debería ser utilizada de manera independiente de su frecuencia como estímulos, es decir, la influencia de la frecuencia sería similar tanto en verbos regulares como irregulares. Los modelos duales de producción verbal, sin embargo utilizan la interacción entre la frecuencia y la regularidad como un argumento para señalar que los verbos irregulares son producidos por una vía directa que recupera la palabra del léxico fonológico, mientras que la aplicación de reglas sería el mecanismo que se encargaría de las formas regulares, buscando una raíz y adjuntándole los sufijos necesarios para completar la forma específica necesaria. Este segundo mecanismo de composición no estaría sujeto a las variaciones de frecuencia, aunque habría que considerar que aquellas formas regulares más frecuentes, las que se producen todos los días, estarían también lexicalizadas y se producirían directamente para conseguir una producción más rápida. Por lo tanto no se está diciendo que la frecuencia no influya sobre las palabras regulares sino que influye menos.

En resumen, y en cuanto a las diferencias de género, estos resultados no apuntan a diferencias tan claras como las expresadas por Hartshorne y Ullman (2006), sino más bien a cambios evolutivos en el uso de la memoria declarativa y procedimental de producción verbal. Tanto la aplicación de reglas de producción verbal como el conocimiento de formas irregulares son mayores cuando avanza la maduración del sistema lingüístico. Las diferencias de género parecen ir en la dirección de que las niñas adquieren esta maduración cuando son más pequeñas.

11 Morfología en pacientes con daño cerebral

Un modo alternativo de estudiar los procesos de composición y descomposición morfológica lo constituye el estudio de pacientes con daño cerebral. La Neuropsicología Cognitiva del lenguaje arrancó a finales del siglo pasado, finales de los 80 y principios de los 90, con una obra de Ellis y Young (1986) que resultó ser un pilar fundacional de esta disciplina: *"Human Cognitive Neuropsychology"*. También en el año 1984 el nacimiento de la revista *"Cognitive Neuropsychology"* oficializó el nacimiento de esta disciplina. La particularidad de esta rama, frente a la neuropsicología clásica, es que su nivel de despiece y análisis de procesos pretende ser mucho más exhaustivo y para ello toma los estudios de caso único como principal foco de sus investigaciones. El estudio de grandes síndromes no es adecuado porque en el promediado de las tareas realizadas por grupos de pacientes se pierde la posibilidad de investigar los microprocesos que pueden fallar en un paciente en particular. Así, se toma un solo paciente y se trata de contrastar sus fallos en una tarea A con su buena ejecución en una tarea B. A la vez, se busca otro paciente cuya ejecución en A es buena pero falla en B. Este modo de proceder con los resultados se constituye en una herramienta básica de funcionamiento, la *disociación doble*, que permite separar módulos o procesos alternativos e independientes sobre los que puede recaer un daño selectivo que los inhabilite.

Si el grado de modularización del sistema lingüístico es elevado y si existen dos procesos distintos para tratar las palabras morfológicamente complejas, entonces podremos esperar encontrar pacientes en los que uno de esos procesos se encuentre dañado mientras el otro se encuentre conservado. A estos dos procesos nos hemos referido antes, uno de ellos es un procedimiento que utiliza morfemas para componer y descomponer palabras añadiendo a una raíz sufijos o prefijos; y el otro es un procedimiento directo en el que se utiliza una representación completa de la palabra a la que se accede directamente en la memoria léxica de las personas.

Al menos en inglés, existen datos que parecen confirmar el posible daño independiente de las dos vías morfológicas. Un paciente, SJD que describen

Badecker y Caramazza (1991) tenía problemas de lectura, cometiendo errores morfológicos, de repetición y en el habla espontánea. El porcentaje de errores cometidos en formas verbales durante la lectura fue bajo y aproximadamente igual en los verbos no flexionados, como "*stand*" (8%) que en los verbos irregulares como "*bought*" (10%). Por el contrario en las formas regulares como "*walked*" cometió el 40% de errores. En el lado contrario encontramos un paciente llamado FS estudiado por Micelli y Caramazza (1988), agramático que fue sometido a una tarea de repetición de palabras. Del total de errores que cometió, el 70% eran morfológicos, y de estos sólo el 4% se producían en palabras derivadas mientras que el 96% restante afectaban a palabras con sufijos flexivos, tiempos verbales, número, etc.

Tanto SJD como FS hacen una aplicación errónea de las reglas morfológicas. SJD comete errores en las formas regulares porque intenta buscar esas formas en su memoria léxica y no las encuentra allí. FS comete errores sobre las formas flexivas y no sobre las derivadas. Estas últimas tienen un nivel de irregularidad semántica elevada y por eso, entre otras cosas, deben estar léxicamente representadas a diferencia de las formas regulares. Como la ruta léxica de FS está perfectamente preservada no comete errores en las palabras morfológicamente irregulares.

En tareas de comprensión Marslen-Wilson y Tyler (1997) observaron una disociación doble en el reconocimiento de formas regulares e irregulares del "*past tense*" en inglés. Pasaron una tarea de decisión léxica auditiva en la que las formas verbales iban precedidas por otras palabras. Entre la primera palabra, el prime, y la segunda, el *target*, la relación podía ser semántica: "*blanco-negro*", morfológica: "*called-call*" o ninguna relación, como en "*locked-jump*". Se medía el tiempo de reacción de los participantes para decidir si el segundo estímulo era o no era una palabra (podía ser una cadena de letras sin sentido). Entre los estímulos morfológicamente relacionados había formas regulares, como la mencionada, e irregulares como "*gave-give*". Un grupo de participantes sin problemas lingüísticos servía para comparar con la ejecución de dos pacientes: JG y DE eran dos pacientes agramáticos con habla vacilante y ausencia de sufijos flexivos. Cuando hicieron la prueba, vieron que los tiempos de respuesta fueron menores si había relación semántica entre las palabras o relación morfológica, pero en este último caso sólo obtuvieron facilitación en las formas irregulares y no en las regulares. Otros dos pacientes, TS, un paciente agramático con problemas semánticos, y ES, con una enfermedad degenerativa, una demencia semántica, sólo obtuvieron facilitación de la palabra prime sobre la palabra target cuando se trataba de la relación morfológica regular y no cuando la relación era semántica. Estos resultados permiten defender dos mecanismos neurológicos distintos para el tratamiento de las formas regulares y las irregulares. Los pacientes JG y DE sufrían daños en su mecanismo de aplicación de reglas, mientras que TS y ES tenían problemas en la recuperación de formas léxicas de su memoria, y por lo tanto en la asociación forma-significado.

Muy interesante es la correlación entre las pérdidas funcionales de estos pacientes y la localización de sus lesiones cerebrales. Los dos primeros, los claramente agramáticos, sufrían lesiones en las áreas perisilvianas del hemisferio izquierdo. TS, que presentaba alteraciones semánticas y gramaticales sufría lesiones en su hemisferio derecho y ES sufría daños muy distribuidos pero que afectaban sobre todo sus lóbulos temporales. Esta disociación entre palabras regulares e irregulares ha sido descrita igualmente por otros investigadores como Ullman, Corkin, Coppola, Hickok, Growdon, Koroshetz y Pinker (1997) que estudiaron un grupo de pacientes a los que se pedía que completaran frases que el terapeuta les presentaba oralmente, una tarea de elicitación que ya hemos visto antes: *"Todos los días estudio un tema. Ayer, como todos los días también ...... un tema"*. Los pacientes deben completar la frase produciendo un verbo en la forma de pasado. Los resultados mostraron que los pacientes afásicos con lesiones posteriores y problemas de anomia similares a los que hacen los pacientes de Alzheimer hacían más errores sobre las formas irregulares, mientras que los afásicos que sufrían lesiones anteriores y los enfermos de Parkinson tenían más problemas con las formas regulares.

Una correlación que venimos observando en estos datos previos de pacientes es que cuando los pacientes tienen problemas con las formas verbales irregulares también tienen problemas semánticos asociados. No ocurre esto cuando los problemas están centrados sobre las formas regulares. Recordemos los pacientes de Marslen-Wilson y Tyler (1997) que tenían problemas con los verbos irregulares y al mismo tiempo no presentaban facilitación en los pares de palabras relacionados semánticamente. Esta asociación entre morfología y significado ha llevado a algunos autores a defender que la morfología no es procesada de manera especial por nuestro sistema cognitivo-lingüístico sino que lo que procesa nuestro sistema es la correlación entre formas ortográficas parecidas y significados similares. Como quiera que la mayoría de palabras de la misma familia morfológica comparten muchas de sus letras y una parte importante del significado se da un priming morfológico más importante en las formas regulares que en las irregulares, porque en esas últimas el parecido ortográfico es menor. Por tanto, los defensores de los modelos conexionistas, como Patterson, Lambon-Ralph, Hodges y McClelland (2001) defienden que lo único que computa nuestro sistema son relaciones semánticas y ortográficas entre palabras, y el cómputo morfológico es sólo una propiedad emergente que en realidad no existe como tal. Miniunidades de memoria muy distribuidas, simulando las neuronas de nuestra corteza se activan o desactivan en función de que la información que contienen encaje o no con la que se encuentra en el estímulo. La coactivación de las unidades relacionadas morfológicamente es un producto de la coactivación semántica y ortográfica. Sin embargo esta interpretación emergentista del procesamiento morfológico no explica algunos hallazgos que hemos contado más atrás. Por ejemplo el hecho de que pseudoraices en palabras reales produzcan efectos de segmentación morfológica como ocurría con la palabra francesa "*baguette*" en relación a la raíz "*bague*"; "*baguette*" no es un "*bague*" pequeño pero sin embargo el sistema tiende a segmentarla como si lo fuera. Tampoco explica por qué los efectos de priming morfológico producen una facilitación más potente y más temprana que la mera suma de los efectos de priming ortográfico y priming semántico. Y menos aún los efectos tempranos sobre componentes electrofisiológicos como el P200. Dentro del campo del que nos estamos ocupando ahora, Miozzo (2003) se opone a este tipo de interpretaciones conexionistas, argumentando que el examen de un paciente anómico, AW, que no sufría ninguna afectación de tipo semántico, en una tarea similar a la de Ullman, daba como resultado graves dificultades para usar las formas irregulares de los verbos, es decir, una disociación entre la semántica y la morfología que permitiría desterrar las correlaciones ortográfico-semánticas de tipo reduccionista.

El español, al igual que el inglés, contiene muchos ejemplos de verbos irregulares en su forma pasada, que no conservan la ortografía ni la fonología de la raíz de la que provienen. Como hemos dicho ya, un ejemplo extremo de irregularidad es el verbo ser, en el que existen formas que no recuerdan ni por asomo la fonología de su infinitivo, como por ejemplo *"voy"* o *"fui"*. Utilizando una tarea similar a la de Ullman nosotros hemos evaluado a 10 pacientes afásicos, 5 de ellos agramáticos, con lesiones en lóbulo frontal izquierdo y 5 anómicos, lesionados en sus áreas temporales izquierdas (Cuetos, Dominguez, Baauw y Berthier, 2007). Cada paciente tenía que completar 60 frases, la mitad de las cuales utilizaban formas verbales regulares y la otra mitad formas verbales irregulares. Los pacientes anómicos tuvieron menos errores que los agramáticos, pero todos ellos se produjeron en formas irregulares, mientras que los pacientes agramáticos cometieron más errores tanto en las formas regulares como en las irregulares. Lo más sorprendente fue que la naturaleza de los errores cometidos fue muy diferente en unos y otros pacientes. Mientras que los anómicos hacían en todos los casos regularizaciones, como decir *"andé"* en lugar de "anduve", los agramáticos parecen haber perdido su capacidad para conjugar las formas verbales de manera adecuada y uno de sus errores más frecuentes consistía en cambiar el tiempo verbal produciendo, por ejemplo, el futuro en lugar del pasado. En resumen, parece que se puede defender, desde los datos que tenemos de los pacientes con lesiones localizadas, la existencia de dos vías de producción verbal, una para las formas regulares y otra para las irregulares, la primera de ellas basada en la composición de morfemas y la segunda en el acceso directo a una forma léxica representada en la memoria. Mientras que la primera podría estar localizada en las áreas del frontal inferior izquierdo, la segunda, la vía léxica, está menos localizada pero en todo caso es posterior y temporal izquierda. En esta dirección Ullman y col. (1997, 2005) defendían que los afásicos con daño frontal anterior, así como los pacientes con enfermedad de Parkinson y enfermedad de Huntington presentan una mayor dificultad con las formas regulares en tareas de elicitación verbal porque su sistema de memoria procedimental o de implementación de reglas lingüísticas es deficitario. Por el contrario, los afásicos con daños posteriores temporales, así como los enfermos de Alzheimer, tendrían más dificultad con las formas irregulares a causa de su déficit en la memoria declarativa.

Sin embargo esta disociación ha sido puesta en duda después por autores como Bird, Lambon Ralph, Seidenberg, McClelland y Patterson (2003) quienes defendieron, utilizando también pruebas de generación de verbos, que la disociación entre ambos tipos de pacientes se debilitaba notablemente cuando se igualaba el solapamiento ortográfico de las formas regulares y las formas irregulares. De esta manera se defendía un sistema asociativo en el que las familias morfológicas de palabras se estructuran en la memoria de las personas únicamente teniendo en cuenta el solapamiento ortográfico y semántico entre las palabras que forman esas familias. Sería un sistema de una única vía. Son el mismo tipo de dudas que surgían en el capítulo anterior cuando tratábamos de interpretar los datos de producción verbal de las niñas y los niños. Surgen de la tensión entre modelos de doble ruta y modelos directos, conexionistas de ruta única.

En un estudio de hace unos años Justus, Larsen, Yang, de Mornay-Davis, Donkers y Swick, (2011) apostaban también por un sistema de procesamiento en el que las relaciones morfológicas se calculan únicamente basándose en el parecido ortográfico. Seleccionaron pacientes con daño en el Pars Opercularis (BA 44) en el Pars triangularis (BA 45), es decir, en el corazón del área de Broca y trataron de ver el efecto de distintos tipos de priming con verbos. Presentaban pares de palabras fonológicamente relacionadas como *"barge-bar"* y pares de verbos morfológicamente relacionados, regulares, como *"walk-walked"* e irregulares como *"spent-spend"*. Observaron que en estos pacientes de Broca el priming con verbos regulares no se producía, pero además de esta ausencia de efecto vieron que tampoco se obtenía una facilitación fonológica en los pares de palabras con solapamiento de fonemas iniciales. Es decir, la ausencia de priming de formas regulares, típica de los pacientes agramáticos, que defendía Ullman venía acompañada de ausencia de priming ortográfico. Además la diferencia en el priming entre verbos regulares e irregulares no era igual para todos los verbos ya que aquellos que eran débilmente irregulares, es decir, con mayor parecido ortográfico, producían menos priming que los que eran fuertemente irregulares. Estos resultados comprometen fuertemente el apoyo a los modelos duales y la tensión entre los modelos de dos vías y estos otros, de una sola vía, aún no se ha resuelto hoy en día.

Una cuestión que habría que subrayar es la capacidad de estas investigaciones sobre un aspecto puntual de lenguaje, como es la morfología verbal, para plantear preguntas que son el corazón de toda la función lingüística humana. Una de ellas es la que acabamos de tratar respecto al uso de la memoria procedimental, es decir, funcionamiento por reglas, frente a la memoria declarativa, es decir acceso directo a la memoria léxica a largo plazo. Este problema nos remite al centro de la polémica entre modelos conexionistas frente a modelos de reglas, y por consiguiente a dos modos distintos de operar de la mente humana, a través de operaciones de transformación, procesos cognitivos diferenciados y modulares, frente a un funcionamiento asociativo en el que no hay operaciones diferenciadas y en el que los procesos cognitivos lingüísticos son, por tanto, similares a los utilizados en otro tipo de funciones y aprendizajes.

Otro problema central que han planteado estas investigaciones es la ubicación cerebral de determinadas funciones lingüísticas como la que nos ocupa, que no es otra cosa que una función combinatoria entre unidades pequeñas para hacer unidades más grandes, en este caso la combinación de morfemas para formar palabras. Esta no es más que una forma de sintaxis, en el sentido de que esa combinatoria puede ser realizada aplicando ciertas reglas que son propias únicamente del ámbito lingüístico. Pues bien, acabamos de ver que la ejecución de esas reglas de composición estaría relacionada con áreas anteriores del lóbulo frontal, en concreto con el giro frontal inferior izquierdo, es decir, con el área de Broca.

Este descubrimiento, sin embargo, es bastante antiguo, puesto que Broca trabajó en la segunda mitad del siglo XIX con pacientes que habían sufrido daño cerebral que sólo se verificaba *postmortem*, especialmente con TAM-TAM, un paciente llamado así por su dificultad para producir verbalmente las palabras, ya que sólo emitía esos sonidos cuando intentaba hablar. Estos estudios lesionales dieron como resultado un punto de vista del cerebro localizacionista, según el cual las funciones cognitivas tendrían una ubicación cerebral específica y su lesión produciría la pérdida de esa función. Sin embargo este punto de vista ha cambiado desde entonces, sobre todo con motivo del desarrollo de las modernas técnicas de neuroimagen, aunque hay que señalar que algunos investigadores visionarios atisbaron esta insuficiencia hace mucho tiempo, sin contar con estas técnicas que permiten ver dentro del cerebro. Es el caso de Karl S. Lashley (1890–1958), quien realizó también estudios lesionales "in vivo" con ratas, viendo los efectos que producían sobre la pérdida de capacidades específicas, sobre todo de la memoria. Después de muchos experimentos promovió dos principios fundamentales para entender el funcionamiento del cerebro: el principio de "*acción de masa*": la proporción de cerebro que ha sido dañada es directamente proporcional al decremento de las habilidades de memoria, es decir, la memoria no puede ser localizada en un área cortical específica sino que está distribuida por toda la corteza; y el principio de *"equipotencialidad"*, la capacidad de una parte intacta del cerebro para llevar a cabo funciones de memoria que se habían destruido por la pérdida de otras áreas. Estos principios elementales, junto con la idea de aprendizaje neural propuesto por Hebb, en su libro *"The organization of behavior"* de 1949, constituyeron los fundamentos de una nueva forma de entender el cerebro. Hebb propuso que las neuronas que se activan juntas quedan ligadas entre sí, *"cells that fire together, wire together"*, de manera que ante un mismo estímulo y tarea volverán a activarse al mismo tiempo, es decir, las neuronas se organizan en circuitos que responden a funciones específicas. No podemos en la actualidad seguir manteniendo un punto de vista localizacionista. Las funciones cerebrales están distribuidas por todo el cerebro en grandes redes de activación y se conectan entre sí a través de grandes estaciones de relevo, que han sido llamadas *"hubs"*. Estos centros de interconexión no sirven a una única función sino que suelen dedicarse parcialmente a una u otra función de manera oportunista, en función de los estímulos y las tareas. Es tan importante la interconectividad cerebral que la investigación sobre la circuitería cerebral se ha denominado *"conectoma"*.

Una de las redes de interconectividad que se ha investigado en los últimos años es la que sirve a la función lingüística. Seguramente uno de los *hubs* cerebrales de esta función es el área de Broca, sin embargo no se puede decir que el lenguaje se sustente únicamente en este área frontal inferior izquierda. Un artículo de Duffau (2017), un neurocirujano francés que ha estudiado un gran número de pacientes con tumores que afectan a distintas áreas, afirma directamente que Broca no es el área del lenguaje, ya que este área puede ser compensada después de ser resecada quirúrgicamente, es decir, pacientes que carecen de Broca recuperan completamente la función lingüística. Por lo tanto, no puede ser considerada indispensable, sino solamente una parte de un sistema mucho más complejo.

Existen dos circuitos fundamentales en el uso del lenguaje, uno de ellos es la *vía ventral* y conecta las áreas posteriores parietales y occipitales a través del temporal medio y superior con el *pars triangular*. Tiene una función importante cuando se busca el nombre de objetos, personas o seres vivos. Se encarga de emparejar el aspecto fonológico de las palabras con el significado de las cosas a las que se da nombre. La otra vía es la *vía dorsal* y conecta el temporal superior con el *pars opercular* a través del fascículo arqueado y el giro longitudinal superior. Esta vía se utiliza para la repetición de las palabras que escuchamos, una función elemental en la posterior comprensión del discurso hablado. Ambas zonas del área de Broca, la BA45 y la BA44, mantienen entre sí lazos excitadores e inhibidores que permiten seleccionar la forma fonológica adecuada para el significado al que corresponden.

Figura 19 Vía dorsal y vía ventral que comunican regiones temporales y posteriores con las regiones frontales anteriores encargadas de la producción y la articulación de las palabras.

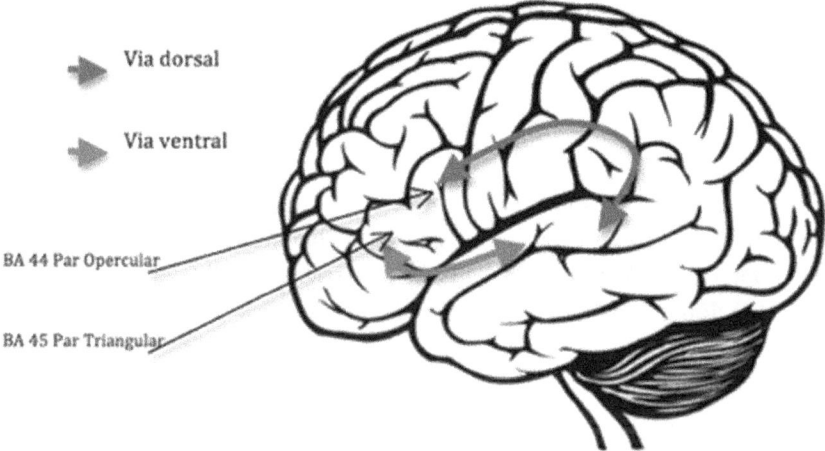

Además mantienen conexiones con áreas subcorticales de los ganglios de la base como el putamen, el globo pálido y también con núcleos talámicos (Ford y col. 2013). Aún desconocemos la función de estas conexiones. Incluso se ha visto que las áreas del hemisferio derecho contralaterales a Broca juegan algún papel determinante en el habla ya que cuando su función se suprime utilizando estimulación magnética transcraneal, en sujetos normales, el nombrado de palabras se ejecuta de manera significativamente peor que en condiciones normales de control (Martin, Naeser, Ho, Treglia, Kaplan, Baker, y Pascual-Leone, 2009).

En la misma línea, los pacientes afásicos de Broca, en los que se ha producido un infarto cerebral que afecta a este área, sufren una descompensación de esta red lingüística que tiene como consecuencia una sobreactivación de las áreas del hemisferio derecho contralaterales a Broca. Esta sobreactivación parece producir una dificultad para la recuperación de los pacientes. La aplicación de una corriente eléctrica catódica, inhibitoria, sobre el hemisferio derecho que disminuye esta sobreactivación podría tener efectos beneficiosos en la recuperación de los pacientes (Dominguez, Socas, Marrero, León, Llabrés y Enriquez (2014). Al menos dos conclusiones podrían extraerse de estas investigaciones:

1. El lenguaje, como la mayoría de funciones psicológicas se encuentra representado en el cerebro en grandes redes interconectadas de neuronas y no puede atribuirse a una localización específica.
2. La recuperación de pacientes afásicos ha de hacerse interviniendo directamente sobre el cerebro y una vez conocidos los desequilibrios de activación-inhibición que producen los daños cerebrales sobre la red lingüística.

En definitiva, la investigación sobre pacientes afásicos con problemas del lenguaje y la utilización de pruebas como la elicitación de formas verbales, han contribuido de manera notable a la investigación sobre la organización de la función lingüística en general, así como sobre el soporte neurológico de esta función.

12 Hipótesis *"tree prunning"*

Un punto de vista particular sobre los problemas morfoléxicos y/o morfosintácticos que se encuentran en los pacientes con daño cerebral, y en particular en los pacientes afásicos de Broca, es el que defienden los autores que trabajan con la *"hipótesis del árbol truncado"*, la *"tree prunning hypothesis"*. Estos autores provienen mayoritariamente de la especialidad de lingüística y tienen conocimientos avanzados en las operaciones que son necesarias para la producción de frases. En concreto manejan los presupuestos de la gramática generativa de Chomsky y trabajan con los clásicos árboles sintácticos en los que se establecen las dependencias de los distintos sintagmas de la oración a través de nodos. Una de estas dependencias que es necesario establecer en todas las oraciones se refiere a la concordancia entre las palabras, entres los sustantivos, entre estos y los determinantes o los adjetivos y entre los sustantivos y el verbo. Los procesos básicos de concordancia exigen aplicar reglas morfológicas que ponen en relación unos sufijos con otros o con palabras de función, en particular adverbios de tiempo, pronombres, determinantes, etc. En la oración *"ayer estuve en la playa y jugué con mi primo"*, el adverbio de tiempo *"ayer"* establece un marco temporal de pasado que concuerda con el sufijo de tiempo del verbo *estar* y del verbo *jugar*: *"est-uve"*, *"jugu-é"*.

Además de estas relaciones temporales los verbos también expresan, a través de sus sufijos, información sobre la persona y el número. En la oración *"la niña comía un helado"*, el determinante establece que el sujeto es una tercera persona y que el número es singular. El sufijo del verbo concuerda en persona y número con el sujeto *"com-í-a"*. Pues bien, la *"tree prunning hypotehsis"* afirma que en el árbol que establece el orden de procesos de producción durante la emisión de oraciones la concordancia temporal tiene una posición más alta, más tardía en la producción que la concordancia de número y persona, con una posición más baja o más temprana. Se trata de una cadena de procesos que parte de presupuestos muy radicales respecto a la organización de su arquitectura: son procesos seriales, uno se ejecuta detrás del otro; y la información fluye en una única dirección, desde la designación de persona y número del verbo, pasando por el tiempo, hasta el diseño de frases subordinadas o las transformaciones que generan preguntas a partir de una determinada frase simple.

Estos presupuestos tienen como consecuencia que si se da un fallo en la cadena de procesos afectará a todos aquellos otros que queden por encima en el árbol sintáctico de producción. Básicamente, si el fallo se produce a nivel de la persona o el número también afectará al tiempo verbal y a la generación de cláusulas complementarias e interrogativas, pero si el fallo se sitúa al nivel del tiempo verbal sólo afectará a éste y a la complejidad de la subordinación o interrogativas. La hipótesis aplicada de estos presupuestos al agramatismo o afasia de Broca es que en la mayoría de los casos el árbol sintáctico se encuentra cortado, truncado, después de la concordancia de número y persona y antes de la concordancia de tiempo. Así, estos afásicos tendrán problemas con el aspecto temporal del verbo y no con el número y la persona. Esto explicaría porqué las emisiones de estos pacientes incluyen frases muy simples, sin clausulas subordinadas y con muchos errores de concordancia de tiempo. En estudios realizados por Friedmann (1998, 2001) en distintos idiomas como el hebreo, el francés o el inglés encontraron una reducción significativa de las clausulas subordinadas como las de relativo –*Juan pensó que Sara bailaba*-, y también de otras frases subordinadas nominales y verbales, respecto de otras frases simples en las que no había subordinación y no se conjugaba el aspecto temporal del verbo –*Juan vio a Sara bailar*- incluso en tareas muy simples. Martínez-Ferreiro, Aguiar y Rofes (2015) encontraron en español tasas de errores de concordancia de persona y número del 8% en Catalán, el 12% en Gallego y el 10% en agramáticos cuando realizaban una tarea de completar frases con un verbo. Sin embargo las tasas de error referidas al tiempo verbal ascendían al 22%, 38% y 27% respectivamente. Cuando la tarea era la generación de interrogativas las tasas de error se acercaban al 60%.

El nombre de *Tree-Pruning Hypothesis* viene del origen chomskiano de esta idea ya que en el aparataje teórico de las distintas versiones de la sintaxis de Chomsky las oraciones se representan en forma de árboles. En estas estructuras, las palabras, tanto de contenido como funcionales, están representadas en varios nodos. Del nodo principal (V) se proyectan varios nodos sintagmáticos. Las frases que contienen categorías funcionales incluyen, entre otros, un sintagma concordante (SConc), que es responsable de la concordancia en persona y número, entre sujeto y verbo, y un sintagma de tiempo (T) encargado de las flexiones de tiempo de los verbos. Además estarían los sintagmas subordinados o complemento (SC) que incluyen morfemas de pregunta y pronombres demostrativos que generan movimientos desde su posición de base generativa dentro del sintagma verbal (V) hacia el sintagma complemento específico (Friedmann, 2002). Los verbos finitos se mueven desde la posición baja generada dentro de la frase verbal SConc, hacia posiciones superiores T, con el fin de seleccionar su flexión.

Figura 20 Hipótesis del arbol truncado (Friedmann, 1998).

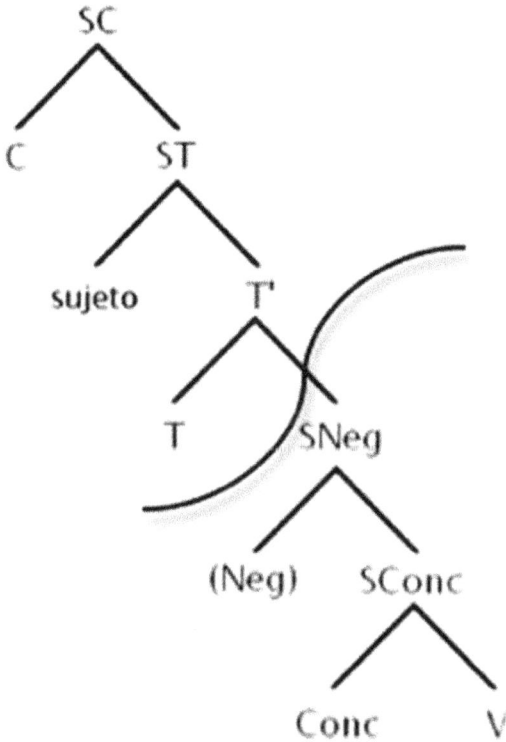

Cada uno de estos niveles es más o menos susceptible de dañarse dependiendo de su posición en la estructura sintáctica. Las proyecciones más bajas son las que suelen preservarse, y el lugar específico de ruptura está sujeto a variación dependiendo de la severidad del déficit agramático (Friedmann 1994; Friedmann y Grodzinsky 1997). Los pacientes agramáticos producirían estructuras sintácticas que se conservan intactas hasta un determinado nodo (ej., número, persona) pero que estarían truncadas desde ese nodo hacia nodos superiores. Cuanto más alto se encuentra un nodo, mayor será la probabilidad de que esté afectado por el daño. Como el aspecto temporal del verbo ocupa una posición alta tendrá más probabilidad de estar dañado en el agramatismo. Por tanto, la *tree prunning* conseguiría explicar la disociación entre concordancia temporal y de número/persona, por el hecho de que las personas con agramatismo cometen más errores relacionados con el tiempo gramatical que con la concordancia de número o persona.

Uno de los problemas más frecuentemente presentados en la producción de los pacientes agramáticos, que trata de explicar la hipótesis del árbol truncado, es la omisión de los marcadores gramaticales libres y ligados (Miceli y Caramazza, 1988; Jarema y Kehayia, 1992; Kim y Thompson, 2000; Zingeser y Berndt, 1990).

Los pacientes agramáticos deberían tener limitaciones en el acceso a los nodos altos en el árbol sintáctico, es decir no sólo se espera que cometan errores de concordancia temporal sino también en categorías funcionales como oraciones complementarias o planteamiento de preguntas. Dependiendo de la severidad de la forma de afasia, habrá pacientes sólo con el nodo de complemento afectado; con los nodos de complemento y tiempo afectados o bien con los nodos de complemento, tiempo y concordancia inoperantes. Esto resulta útil no solo de cara a explicar el déficit presente en el paciente agramático, sino también en el pronóstico y evolución, ya que como los pacientes con afasias más severas tienen afectadas las zonas más bajas de la estructura oracional, a medida en que mejoren irán progresivamente recuperando y accediendo a nodos superiores (Martínez Ferreiro, 2003).

Los estudios de Friedmann y Grodzinsky sobre el hebreo y el árabe dieron como resultado que en tareas que implicaban la flexión temporal de verbos resultaban ser problemáticas, independiente del idioma, mientras que la concordancia de número y persona parecía casi intacta (Friedmann 1994, 1998, 2001; Friedmann y Grodzinsky 1997, 2000).

Una prueba por la que ha apostado Friedmann (2000) a favor de la *tree prunning hypothesis* toma como punto de partida lo que se podría esperar de los errores cometidos por los pacientes afásicos en la producción de verbos en función de si cabría esperarse un corrimiento de los mismos en las frases o si ocuparían posiciones correctas, pero pasemos a ver la argumentación completa porque resulta muy interesante. Supuestamente, cuando el verbo que proviene del léxico se inserta en la oración debe recorrer el árbol sintáctico para seleccionar las flexiones de concordancia en los nodos de número y persona y después seguir ascendiendo hasta el nodo de tiempo verbal para seleccionar la flexión adecuada a presente, pasado, futuro, etc. (Pollock, 1989, 1994).

Figura 21 Recorrido del verbo para ir adjuntando los sufijos que expresan persona, género, número y tiempo.

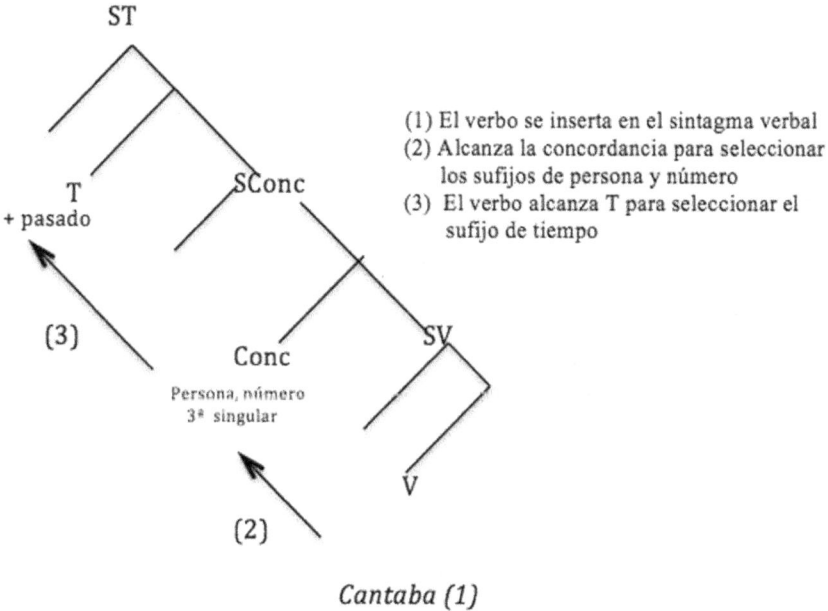

(1) El verbo se inserta en el sintagma verbal
(2) Alcanza la concordancia para seleccionar los sufijos de persona y número
(3) El verbo alcanza T para seleccionar el sufijo de tiempo

ST

T
+ pasado

SConc

(3)

Conc

Persona, número
3ª singular

SV

V

(2)

Cantaba (1)

El movimiento del verbo en el árbol depende del idioma pero, en general, los verbos flexivos tienen que ascender bastante en el árbol, mientras las formas no finitas como el infinitivo, el gerundio o el participio, que son formas no flexivas del verbo permanecen en los nodos más bajos. Como hemos dicho, los pacientes agramáticos habitualmente tienen problemas con las flexiones de tiempo pero no tendrán problemas con las formas no finitas o no personales del verbo, llamadas así precisamente porque carecen de las flexiones personales que acompañan a las demás formas. Esto es así porque estas formas se seleccionan en la parte más baja del árbol, por debajo del truncamiento que ocurre, según la teoría, en los pacientes agramáticos. En consonancia con esto, en los pacientes agramáticos se produce un sobreuso de las formas no personales del verbo, frente a las personales, que quizás sea debido a lo que estamos comentando. En todo caso una hipótesis como la *tree prunning* debería dar cuenta de este sobreuso y debería poder hacer predicciones sobre el orden de las palabras en las oraciones. Friedmann (2000) argumenta que en los pacientes agramáticos un verbo se produce en su forma no personal, por ejemplo infinitivo, porque no se puede alcanzar el nodo alto donde se seleccionaría la flexión adecuada. Una predicción inmediata es que en este caso, cuando un infinitivo sustituye a un verbo flexionado, debería aparecer en un nodo bajo, por lo tanto en el lugar de la oración que ocuparían los verbos no personales.

Una predicción distinta que se ha hecho acerca del sobreuso del infinitivo en agramáticos es que se produce porque la forma no personal es morfosemánticamente más simple. En este caso la predicción es que la sustitución por el infinitivo no afectaría al orden de las palabras en la oración, es decir, el infinitivo debería aparecer en la posición del verbo flexionado. Para poner a prueba estas hipótesis Friedman apuesta por estudiar lenguas en las cuales las formas finitas y no finitas de los verbos aparecen en posiciones diferentes en la oración y entonces observar la posición del infinitivo que produce el afásico sustituyendo al verbo flexionado. Si el infinitivo ocupa el lugar del verbo flexionado (habitualmente en posiciones iniciales), entonces se apoyaría la hipótesis que defiende la hipótesis morfosemántica, pero si aparece en la posición del infinitivo (habitualmente en posiciones tardías) se apoyaría la hipótesis de la imposibilidad de movimiento a los nodos altos del árbol, la *"tree prunning"*. Lonzi y Luzzatti (1993) examinaron la posición de los verbos emitidos por agramáticos en italiano y francés. En italiano las formas flexivas ocurren solo antes del adverbio, mientras que las formas no personales se sitúan indistintamente antes y después del adverbio. Encontraron que los afásicos colocaban los verbos en sus posiciones correctas, sólo una vez de 42 frases producidas en habla espontánea produjeron el verbo flexionado después del adverbio. En francés los verbos flexionados preceden a la partícula negativa *"pas"* mientras los infinitivos la siguen. En este caso observaron que siempre que producían el infinitivo lo hacían después del "*pas*" mientras que cuando producían la forma flexionada la colocaban antes. Hay que tener en cuenta que los verbos registrados eran principalmente verbos correctamente producidos y no verbos infinitivos que sustituían a flexiones. Friedmann informa también de que cuando se producen sustituciones de formas verbales por infinitivo en Holandés y Alemán por pacientes afásicos agramáticos la forma de infinitivo aparece siempre en posición final, posición que ocupan los verbos no personales como producto de su posición baja en el árbol. Por otra parte también Friedmann mostró que en Hebreo, idioma en el que la construcción del infinitivo exige la selección en un punto alto del árbol, los pacientes agramáticos no usan el infinitivo en lugar de las formas flexionadas. Las sustituciones se hacen dentro de las formas finitas, flexionadas, esto significa que no hay una preferencia genérica por el infinitivo, sino que solamente cuando el infinitivo se selecciona en las partes bajas del árbol es preferido como forma verbal de sustitución. Es decir, en lenguas como el Alemán los agramáticos prefieren el infinitivo a otras formas flexionadas, pero en Hebreo las sustituciones se hacen aleatoriamente por cualquier otra forma, porque el infinitivo no se selecciona en la parte no truncada del árbol, sino en la parte alta truncada. Por lo tanto la sustitución de las formas flexionadas en estos pacientes no parece, ni mucho menos, un aspecto común a todos ellos. Más bien lo que se demuestra es que este tipo de sustituciones se realiza dependiendo de dónde coloca cada idioma el uso de las formas personales. Si estas formas están antes del truncamiento es muy probable que no se produzcan sustituciones por infinitivos, solamente cuando se sitúan después se produce la sustitución. Los datos parecen encajar en las hipótesis de la *tree prunning*.

En un trabajo experimental llevado a cabo en nuestro laboratorio pusimos a prueba la hipótesis del árbol truncado comparando pacientes agramáticos y anómicos (Hernández-Jaramillo, 2015). Habitualmente las frases experimentales de la tarea de elicitación de verbos utilizadas en los experimentos con agramáticos tienen un formato que es distinto para la elicitación del número, es decir para poner a prueba la concordancia, que para la elicitación del tiempo verbal. Las frases utilizadas por Friedmann and Grodzinsky (1997) y también por Gavarró y Martínez-Ferreiro (2007) tienen el siguiente formato para las frases temporales:

Hoy María pinta un cuadro. Ayer María también............... un cuadro
Se espera que el paciente responda *"pintó un cuadro"*
Y este otro para las frases de concordancia de número:
Ayer yo salté la valla. Ellos también .... la valla
Se espera que el paciente responda *"saltaron la valla"*

La diferencia entre ambas es que mientras que en la primera no hay ninguna pista superficial que nos indique el sufijo que es necesario seleccionar para poner el verbo en pasado, en la segunda el pronombre plural *"ellos"* es un morfema con indicios claros de número y persona.

En el trabajo de Hernández-Jaramillo se generaron frases temporales que incluían indicios superficiales de tiempo como en:

Todos los días lloro su muerte. Ayer, como todos los días, **soñé** *con ella y .....su muerte*

donde el verbo *"soñé"*, justo en la clausula anterior, ofrece un sufijo con las mismas características temporales a la que debe producir el paciente.

También se generaron frases que eliminaban la pista superficial en las frases de concordancia de número:

Juan cerró la caja y María le ayudó. Juan y María.......................la caja

En este caso el pronombre de plural *"ellos"* es reemplazado por dos sujetos, *"Juan y María"* que hacen la misma función pero que no muestran pistas superficiales de plural.

Se sometió a un grupo de 10 pacientes agramáticos y otro grupo de 10 pacientes anómicos a estas cuatro tareas de elicitación de verbos.

Los resultados mostraron, en primer lugar, que el número de errores en el cambio temporal del verbo fue significativamente mayor que el número de errores en la tarea de concordancia de número, lo cual es un soporte para la hipótesis del árbol truncado. Por otra parte, la pista superficial que suele ofrecerse a los pacientes en los trabajos que apoyan la *"tree prunning hypothesis"* en el pronombre personal del plural, es una clave importante que disminuye el número de errores morfológicos. Cuando se elimina esta pista, y se ofrece sólo una clave de carácter semántico, los dos nombres propios, la cantidad de errores morfológicos aumenta en los pacientes agramáticos. Por lo tanto, la atribución de número se beneficia de la pista superficial que el paciente encuentra en el pronombre personal de plural. Sin embargo, cuando se añade una pista superficial a la tarea de cambio de tiempo introduciendo un verbo en pasado antes del verbo que hay que producir esto no disminuye significativamente la cantidad de errores. En conclusión, la flexión de tiempo es más difícil de realizar para los pacientes agramáticos y la concordancia de número produce menos errores, en parte, por los indicios fonológicos que los pacientes aprovechan en elementos antecedentes de la frase como los pronombres. Como puede verse la hipótesis del árbol truncado está aún bajo discusión y va a producir abundante trabajo experimental en el futuro. Los datos parecen apuntar a procesos más complejos en lo relativo al tiempo que al número y a una mayor afectación de los pacientes agramáticos en este tipo de concordancias temporales. En cualquier caso merece la pena contar con instrumentos que permitan medir estas hipótesis y también evaluar a los pacientes de cara a su diagnóstico y rehabilitación. En el siguiente capítulo presentamos una serie de tareas morfológicas que incluyen dos versiones, una con pistas superficiales y otra sin pistas superficiales para que puedan ser usadas con pacientes hablantes de español, de cara a esta doble finalidad, investigadora y clínica, que guía el trabajo de psicolingüistas y terapeutas del lenguaje.

13 Evaluación morfológica del habla de pacientes

Las tareas que se presentan a continuación permiten evaluar algunos de los procesos morfológicos que habitualmente se encuentran dañados en los pacientes agramáticos. Se trata de cuatro tareas: categorización de género, concordancia de número verbal, concordancia de tiempo verbal y elicitación de preguntas. Excepto la primera, las tres siguientes tareas están desdobladas, a su vez, en dos más, una de ellas sin pistas superficiales y la otra con ellas. Si se tiene en cuenta la ordenación de procesos que se proponen en los árboles sintácticos expuestos por Friedmann, el orden de dificultad de estas tareas para pacientes agramáticos, sería el mismo, de menor a mayor que el que se presenta aquí. La más fácil sería la categorización de género, ya que se encontraría en los niveles más bajos del árbol y la más difícil sería la elicitación de preguntas, en el nivel más alto.

13.1 Tarea de categorización de género

En trabajos experimentales previos (Afonso, Dominguez, Alvarez y Morales, 2013) se ha visto que el modo de asignar el género a las palabras, para que puedan ser reconocidas, puede variar en función del tipo de sufijo que lleva la palabra. En palabras acabadas en –a/-o, la asignación del género parece hacerse de modo directo, observando la vocal en la que finaliza la palabra. Podríamos hablar aquí de una asignación superficial del género, ya que sólo es necesario aplicar una regla de detección fonológica para reconocerlo y una regla de producción vocálica para producirlo. Sin embargo muchas palabras del español acaban en otro tipo de terminaciones y en ese caso el reconocimiento y la producción no son tan directos, son más dificultosos y probablemente se ha de consultar el léxico para saber si designan masculino o femenino, de hecho el reconocimiento del género en este tipo de palabras se beneficia de la presentación previa del artículo mientras que en el caso de las palabras acabadas en –a/-o no se produce este beneficio.

Los estímulos de esta prueba se han dividido en las 8 categorías que se presentan en este cuadro. Se ha procurado igualar la frecuencia léxica de cada una de ellas según el diccionario de Alameda y Cuetos (1995). La mitad de los estímulos acaba con los sufijos típicos de género del español, -a/-o, y la otra mitad con otras terminaciones que también determinan con mayor frecuencia un género que otro. Así, "*alambre*", acaba en –e, una vocal que determina género masculino con más frecuencia que el femenino. Por eso se ha clasificado "*alambre*" como regular y "*gripe*", acabando también en –e, es femenina, y se ha clasificado, por tanto, como irregular. La prueba permite obtener puntuaciones en función de la regularidad (regulares e irregulares), del género (masculino o femenino) y del tipo de terminación (sufijos tipo –a/-o y otras terminaciones (e, ud, ión, ón, u).

TERMINACIONES O/A

TERMINACIÓN TÍPICA MASCULINO				TERMINACIÓN TÍPICA DE FEMENINO			
REGULAR MASCULINO A		IRREGULAR FEMENINO B		REGULAR FEMENINO C		IRREGULAR MASCULINO D	
verbo	20	moto	20	herencia	60	mapa	50
cuaderno	55	foto	76	paella	11	dogma	13
biombo	5	dinamo	2	franja	17	tranvía	23
junco	6	bonoloto	1	plantilla	5	prisma	5
escaño	8	ratio	1	errata	1	diploma	1
	18,8		20		18,8		18,4

OTRAS TERMINACIONES

TERMINACIÓN TÍPICA MASCULINO				TERMINACIÓN TÍPICA DE FEMENINO			
REGULAR MASCULINO E		IRREGULAR FEMENINO F		REGULAR FEMENINO G		IRREGULAR MASCULINO H	
alambre	26	gripe	17	pensión	46	guión	36
carbón	49	sazón	27	latitud	14	alud	15
límite	15	cumbre	15	legión	21	anfitrión	10
masaje	9	higiene	7	dotación	5	embrión	53
bambú	17	tribu	20	loción	3	sarampión	4
	23,2		17,2		17,8		23,6

Paciente

Nombre.............................. Apellidos ....

Instrucciones: Esta tarea es muy sencilla. Yo le voy diciendo palabras y Vd. tiene que repetirlas poniendo "*él*" o "*la*" delante. Por ejemplo, si yo le digo "*perro*" Vd. me dirá "*el perro*", si yo le digo "*casa*" Vd. me dirá "*la casa*", si yo le digo "*niño*" Vd. me dirá "*el niño*"..... Lo ha entendido? A ver, si yo le digo "*silla*" que me dirá?...., si yo le digo "*caballo*" qué me dirá? (se puede seguir con más ejemplos si no lo ha entendido). Para un análisis cualitativo es necesario apuntar la respuesta del paciente al lado de cada estímulo.

1. Cuaderno _____	21. Diploma _____
2. Paella _____	22. Latitud _____
3. Gripe _____	23. Carbón _____
4. Pensión _____	24. Dinamo _____
5. Escaño _____	25. Alud _____
6. Herencia _____	26. Junco _____
7. Masaje _____	27. Ratio _____
8. Sarampión _____	28. Tribu _____
9. Verbo _____	29. Loción _____
10. Embrión _____	30. Prisma _____
11. Cumbre _____	31. Franja _____
12. Legión _____	32. Límite _____
13. Foto _____	33. Higiene _____
14. Mapa _____	34. Errata _____
15. Alambre _____	35. Anfitrión _____
16. Guión _____	36. Bambú _____
17. Biombo _____	37. Dotación _____
18. Plantilla _____	38. Bonoloto _____
19. Tranvía _____	39. Dogma _____
20. Moto _____	40. Sazón _____

| TOTAL | /40 |

ÍTEM Nº	CATEGORÍA	ACIERTO	ERROR
1	A		
2	C		
3	F		
4	G		
5	A		
6	C		
7	E		
8	H		
9	A		
10	H		
11	F		
12	G		
13	B		

ÍTEM Nº	CATEGORÍA	ACIERTO	ERROR
14	D		
15	E		
16	H		
17	A		
18	C		
19	D		
20	B		
21	D		
22	G		
23	E		
24	B		
25	H		
26	A		
27	B		
28	F		
29	G		
30	D		
31	C		
32	E		
33	F		
34	C		
35	H		
36	E		
37	G		
38	B		
39	D		
40	F		
	REGULARES	(A+C+E+G)=	/20
	IRREGULARES	(B+D+F+H)=	/20
	MASCULINAS	(A+D+E+H)=	/20
	FEMENINAS	(B+C+F+G)=	/20
	TERMINACIÓN A/O	(A+B+C+D)=	/20
	OTRAS T.	(E+F+G+H)=	/20

13.2 Tarea de concordancia de número sin pista superficial

Paciente

Nombre............................ Apellidos ....

En esta tarea el/la paciente debe continuar la frase que lee el/la evaluador/a. Esta continuación exige cambiar el número, desde la tercera del singular a la tercera del plural a partir de la introducción de los dos personajes en el sujeto de la segunda frase. Se eliminan los pronombres como "él" o "ellos" que facilitan pistas de singular o plural. El/la evaluador/a debe comenzar ofreciendo un ejemplo en el que realiza la tarea completa de un par de frases.

Ahora yo te voy a decir una frase y tu deber continuarla. Mira cómo lo hago yo.

Si yo te digo
"Juan lavó la ropa y María le ayudó. Juan y María......(¿cómo seguirías tú?).......
(lavaron)la ropa"

Escucha esta otra frase:
"Juan comió carne y María también. Juan y María ......(¿cómo seguirías tú?).......
(comieron) carne"

Una vez que el/la evaluador/a se ha asegurado de que el/la paciente ha entendido la tarea comienzan los ítems de evaluación.

1. Juan formó un puzzle y María también. Juan y María........un puzzle.
2. Juan colgó el abrigo y María también. Juan y María...........el abrigo.
3. Juan bebió agua y María también. Juan y María....................... agua.
4. Juan molió el trigo y María le ayudó. Juan y María ....el trigo.
5. Juan bañó a su sobrino y María le ayudó. Juan y María.....a su sobrino.
6. Juan anduvo un kilómetro y María le acompañó. Juan y María.....un kilómetro.
7. Juan barrió la cocina y María le ayudó. Juan y María.........la cocina.
8. Juan coló la leche y María también. Juan y María................la leche.
9. Juan miró la tele y María le acompañó. Juan y María ....la tele.
10. Juan mordió una manzana y María también. Juan y María..........una manzana.
11. Juan vivió un gran día y María también. Juan y María ......un gran día.
12. Juan bordó una bufanda y María le ayudó. Juan y María ....una bufanda.

13. Juan se cayó de la moto y María con él. Juan y María...... de la moto.
14. Juan lamió un helado y María otro. Juan y María............. un helado.
15. Juan cerró la caja y María le ayudó. Juan y María ....la caja.
16. Juan taló los árboles y María le ayudó. Juan y María....... los árboles.
17. Juan ofendió a su madre y María le apoyó. Juan y María.............a su madre.
18. Juan puso la mesa y María también. Juan y María............... la mesa.
19. Juan comprobó la alarma y María también. Juan y María................. la alarma.
20. Juan vino de La Laguna y María también. Juan y María........... de La Laguna.
21. Juan trabajó en la oficina y María le ayudó. Juan y María .... en la oficina.
22. Juan comió una manzana y María también. Juan y María........... una manzana.
23. Juan remendó la ropa y María le ayudó. Juan y María...........la ropa.
24. Juan zurció un calcetín y María le ayudó. Juan y María.................un calcetín.
25. Juan contó una historia y María también. Juan y María............... una historia.
26. Juan siguió comiendo y María también. Juan y María........comiendo.
27. Juan clavó una chincheta y María otra. Juan y María........una chincheta.
28. Juan regó las plantas y María también. Juan y María....... las plantas.
29. Juan vertió la leche y María también. Juan y María .... la leche.
30. Juan ganó veinte euros y María también. Juan y María ....veinte euros.
31. Juan recordó a su madre y María también. Juan y María ....a su madre.
32. Juan sufrió una barbaridad y María también. Juan y María .... barbaridad.
33. Juan dio una limosna y María también. Juan y María ......una limosna.
34. Juan sudó en el gimnasio y María también. Juan y María ....en el gimnasio.
35. Juan rogó a Dios y María también. Juan y María...................a Dios.
36. Juan tosió toda la noche y María también. Juan y María ....toda la noche.

37. Juan salió de paseo y María le acompañó. Juan y María ..... de paseo.
38. Juan tradujo el libro y María le ayudó. Juan y María .... el libro.
39. Juan habló con su hermano y María también. Juan y María ....con su hermano.
40. Juan tendió la ropa y María le ayudó. Juan y María .... la ropa.
41. Juan segó el jardín y María le ayudó. Juan y María .... el jardín.
42. Juan mostro sus fotos y María las suyas. Juan y María .... sus fotos.
43. Juan quedó con Mario y María también. Juan y María ...... con Mario.
44. Juan corrió un kilómetro y María también. Juan y María .... un kilómetro.
45. Juan pensó en dimitir y María también. Juan y María .... en dimitir.
46. Juan escribió una carta y María también. Juan y María ..... una carta.
47. Juan se rió con el chiste y María también. Juan y María ...con el chiste.
48. Juan pulió la plata y María le ayudó. Juan y María .... la plata.
49. Juan se sentó en el sofá y María también. Juan y María ..... en el sofá.
50. Juan juntó las camas y María le ayudó. Juan y María .... las camas.
51. Juan tostó pan y María también. Juan y María .... pan.
52. Juan pasó por la calle y María con él. Juan y María .... por la calle.
53. Juan soldó los hierros y María también. Juan y María .... los hierros.
54. Juan gimió de dolor y María también. Juan y María .... de dolor.
55. Juan rompió su pantalón y María el suyo. Juan y María .... su pantalón.
56. Juan se torció el tobillo y María también. Juan y María ...... el tobillo.
57. Juan fundió la mantequilla y María le ayudó. Juan y María .... la mantequilla.
58. Juan concluyó la tarea y María le ayudó. Juan y María .... la tarea.
59. Juan infló los globos y María también. Juan y María .... los globos.
60. Juan hirvió la comida y María también. Juan y María .... la comida.
61. Juan gruñó a los niños y María también. Juan y María .... a los niños.
62. Juan durmió ocho horas y María con él. Juan y María .... ocho horas.
63. Juan logró acabar y María también. Juan y María .... acabar.
64. Juan serró una tabla y María le ayudó. Juan y María .... una tabla.
65. Juan abrió la ventana y María también. Juan y María .... la ventana.
66. Juan riñó a su hijo y María hizo lo mismo. Juan y María .... a su hijo.

67. Juan lloró su muerte y María también. Juan y María ....su muerte.
68. Juan eligió su ropa y María le ayudó. Juan y María .... su ropa.
69. Juan cumplió la misión y María la suya. Juan y María .... su misión.
70. Juan fichó al salir y María también. Juan y María .... al salir.
71. Juan jugó al parchís y María con él. Juan y María .... al parchís.
72. Juan rasgó sus vestiduras y María las suyas. Juan y María .... sus vestiduras.
73. Juan escupió la comida y María también. Juan y María ..... la comida.
74. Juan se tiñó el pelo y María también. Juan y María .... el pelo.
75. Juan llamó a mi primo y María también. Juan y María .... a mi primo.
76. Volqué el vaso y María también. Juan y María .... el vaso.
77. Juan oyó cotilleos y María también. Juan y María .... cotilleos.
78. Juan partió la tarta y María le ayudó. Juan y María .... la tarta.
79. Juan frotó la lámpara y María también. Juan y María ...... la lámpara.
80. Juan omitió la información y María también. Juan y María .... la información.

Nº	CATEGORÍA	ACIERTO	ERROR
1.	A		
2.	F		
3.	C		
4.	H		
5.	B		
6.	E		
7.	D		
8.	F		
9.	A		
10.	H		
11.	C		
12.	B		
13.	G		
14.	D		
15.	E		
16.	B		

Nº	CATEGORÍA	ACIERTO	ERROR
17.	D		
18.	G		
19.	E		
20.	G		
21.	A		
22.	C		
23.	F		
24.	D		
25.	E		
26.	G		
27.	B		
28.	F		
29.	H		
30.	A		
31.	E		
32.	C		
33.	E		
34.	B		
35.	F		
36.	D		
37.	G		
38.	H		
39.	A		
40.	H		
41.	F		
42.	E		
43.	A		
44.	C		
45.	E		
46.	C		
47.	G		
48.	D		
49.	E		

Nº	CATEGORÍA	ACIERTO	ERROR
50.	B		
51.	F		
52.	A		
53.	F		
54.	H		
55.	C		
56.	H		
57.	D		
58.	G		
59.	B		
60.	H		
61.	D		
62.	G		
63.	A		
64.	F		
65.	C		
66.	H		
67.	A		
68.	G		
69.	C		
70.	B		
71.	E		
72.	B		
73.	D		
74.	H		
75.	A		
76.	F		
77.	G		
78.	C		
79.	B		
80.	D		
RESULTADOS			
A(1ª regulares alta frecuencia)=			/10

Nº	CATEGORÍA	ACIERTO	ERROR
B(1ª regulares baja frecuencia)=			/10
C(2ª,3ª regulares alta frecuencia) =			/10
D(2ª,3ª regulares baja frecuencia) =			/10
E(1ª irregulares alta frecuencia) =			/10
F(1ª irregulares baja frecuencia)=			/10
G(2ª, 3ª irregulares alta frecuencia)=			/10
H(2ª,3ª irregulares baja frecuencia) =			/10
1ª CONJUGACIÓN (A+B+E+F)=		/40	
2ª Y 3ª CONGUJACIÓN (C+D+G+H)=		/40	
REGULARES (A+B+C+D)=		/40	
IRREGULARES (E+F+G+H)=		/40	
FRECUENTES (A+E+C+G)=		/40	
INFRECUENTES (B+F+D+H)=		/40	

Estímulos clasificados por categorías en función de tres variables: Conjugación, Regularidad y Frecuencia Léxica (según el diccionario de frecuencias de Alameda y Cuetos, 1995). Tanto esta tarea de concordancia de número como la siguiente, así como las de concordancia de tiempo verbal utilizan los mismos estímulos. Están pensadas para que sean pasadas al paciente en días distintos para que no se produzca un efecto de repetición. En caso de tener que pasar las cuatro pruebas el mismo día deberían seleccionarse para cada una de ellas estímulos diferentes. Como hay 80 verbos en total se podrían seleccionar 20 estímulos de cada una de ellas, tomando un número de estímulos reducido de cada una de las 8 categorías o tomando aquellas categorías que puedan resultar más informativas. Las frecuencias que se presentan son las de la forma de infinitivo.

	PRIMERA CONJUGACIÓN			SEGUNDA Y TERCERA CONJUGACIÓN		
	REGULARES		IRREGULARES		REGULARES		IRREGULARES
	A		**E**		**C**		**G**
	hablar	532	dar	572	vivir	408	salir	415
	pasar	420	pensar	435	partir	342	seguir	313
ALTA FRECUENCIA	mirar	179	recordar	166	correr	119	dormir	165
	trabajar	146	andar	136	cumplir	115	oír	133
	quedar	109	jugar	98	abrir	122	venir	123
	llamar	146	contar	148	escribir	260	poner	271
	llorar	115	comprobar	120	comer	221	caer	252
	ganar	103	sentir	84	beber	96	elegir	82
	formar	57	mostrar	56	sufrir	61	concluir	58
	lograr	83	cerrar	85	romper	78	reír	73
		189		190		182		188
	B		**F**		**D**		**H**
	juntar	5	regar	5	omitir	2	hervir	4
	bañar	2	tostar	3	escupir	9	tender	8
BAJA FRECUENCIA	talar	4	colgar	5	pulir	2	verter	3
	inflar	3	segar	3	ofender	4	morder	6
	clavar	4	volcar	7	barrer	8	torcer	3
	frotar	2	serrar	1	fundir	3	reñir	2
	rasgar	3	soldar	1	gruñir	4	moler	3
	fichar	2	colar	2	toser	3	gemir	5
	sudar	8	rogar	4	lamer	2	teñir	1
	bordar	2	remendar	1	zurcir	1	traducir	1
		3,5		3,2		3,8		3,6

13.3 Tarea de concordancia de número verbal con pista superficial

Se pide al paciente que haga un cambio de número verbal. Como en la tarea anterior es una tarea de continuación en la que se ofrece una situación en la que hay un verbo en pasado que realiza una acción de un personaje con nombre propio. La segunda oración comienza con un pronombre personal, "*ellos*", en plural al que llamamos pista superficial porque señala con su terminación en –s que el verbo que debe producirse debe ser en plural. Según la propuesta de Friedman esta tarea y la anterior se realizan en el peldaño más bajo del establecimiento de concordancias en la oración y no deberían suponer un problema para pacientes agramáticos clásicos a menos que su nivel de daño de los procesos sintácticos sea muy importante. Se supone que la existencia de una pista superficial podría beneficiar a aquellos pacientes con daños selectivos al establecer la concordancia de número.

Paciente
Nombre.............................. Apellidos ....

En esta tarea el/la paciente debe continuar la frase que lee el/la evaluador/a. Esta continuación exige cambiar el número, desde la tercera persona del singular a la tercera persona del plural a partir de la presencia de un pronombre personal "ellos". El/la evaluador/a debe comenzar ofreciendo un ejemplo en el que realiza la tarea completa de un par de frases.

Ahora yo te voy a decir una frase y tu deber continuarla. Mira cómo lo hago yo.

Si yo te digo
"*Juan lavó la ropa. Y ellos también ......(¿cómo seguirías tú?).......(lavaron)la ropa*"

Escucha esta otra frase:
"*Juan comió carne. Y ellos también ......(¿cómo seguirías tú?) .... (comieron) carne*"

Una vez que el/la evaluador/a se ha asegurado de que el/la paciente ha entendido la tarea comienzan los ítems de evaluación.

1. Juan formó un puzzle y ellos también .... un puzzle.
2. Juan colgó el abrigo y ellos también .... el abrigo.

3. Juan bebió agua y ellos también .... agua.
4. Juan molió el trigo y ellos también .... el trigo.
5. Juan bañó a su sobrino y ellos también ....a su sobrino.
6. Juan anduvo un kilómetro y ellos también .... un kilómetro.
7. Juan barrió la cocina y ellos también .... la cocina.
8. Juan coló la leche y ellos también .... la leche.
9. Juan miró la tele y ellos también ....la tele.
10. Juan mordió una manzana y ellos también ....una manzana.
11. Juan vivió un gran día y ellos también ....un gran día.
12. Juan bordó una bufanda y ellos también .... una bufanda.
13. Juan se cayó de la moto y ellos también .... de la moto.
14. Juan lamió un helado y ellos también .... un helado.
15. Juan cerró la caja y ellos también ....la caja.
16. Juan taló los árboles y ellos también .... los árboles.
17. Juan ofendió a su madre y ellos también ....a su madre.
18. Juan puso la mesa y ellos también .... la mesa.
19. Juan comprobó la alarma y ellos también .... la alarma.
20. Juan vino de La Laguna y ellos también ....de La Laguna.
21. Juan trabajó en la oficina y ellos también ....en la oficina.
22. Juan comió una manzana y ellos también .... una manzana
23. Juan remendó la ropa y ellos también ....la ropa.
24. Juan zurció un calcetín y ellos también .... un calcetín.
25. Juan contó una historia y ellos también .... una historia.
26. Juan siguió comiendo y ellos también ....comiendo.
27. Juan clavó una chincheta y ellos también .... una chincheta.
28. Juan regó las plantas y ellos también .... las plantas.
29. Juan vertió la leche y ellos también .... la leche.
30. Juan ganó veinte euros y ellos también .... veinte euros.
31. Juan recordó a su madre y ellos también ....a su madre.
32. Juan sufrió una barbaridad y ellos también .... barbaridad.
33. Juan dio una limosna y ellos también .... una limosna.
34. Juan sudó en el gimnasio y ellos también .... en el gimnasio.
35. Juan rogó a Dios y ellos también ....a Dios.
36. Juan tosió toda la noche y ellos también ....toda la noche.
37. Juan salió de paseo y ellos también ....de paseo.
38. Juan tradujo el libro y ellos también .... el libro.

39. Juan habló con su hermano y ellos también ....con su hermano.
40. Juan tendió la ropa y ellos también ....la ropa.
41. Juan segó el jardín y ellos también ....el jardín.
42. Juan mostro sus fotos y ellos también .... sus fotos.
43. Juan quedó con Mario y ellos también .... con Mario.
44. Juan corrió un kilómetro ellos también ....un kilómetro.
45. Juan pensó en dimitir y ellos también ....en dimitir.
46. Juan escribió una carta y ellos también .... una carta.
47. Juan se rió con el chiste y ellos también ....con el chiste.
48. Juan pulió la plata y ellos también .... la plata.
49. Juan se sentó en el sofá y ellos también .... en el sofá.
50. Juan juntó las camas y ellos también ....las camas.
51. Juan tostó pan y María ellos también .... pan.
52. Juan pasó por la calle y ellos también ....por la calle.
53. Juan soldó los hierros y ellos también ....los hierros.
54. Juan gimió de dolor y ellos también .... de dolor.
55. Juan rompió su pantalón y ellos también ....su pantalón.
56. Juan se torció el tobillo y ellos también ....el tobillo.
57. Juan fundió la mantequilla y ellos también ....la mantequilla.
58. Juan concluyó la tarea y ellos también .... la tarea.
59. Juan infló los globos y ellos también .... los globos.
60. Juan hirvió la comida y ellos también ....la comida.
61. Juan gruñó a los niños y ellos también .... a los niños.
62. Juan durmió ocho horas y ellos también ....ocho horas.
63. Juan logró acabar y ellos también ....acabar.
64. Juan serró una tabla y ellos también .... una tabla.
65. Juan abrió la ventana y ellos también ....la ventana.
66. Juan riñó a su hijo y ellos también ....a su hijo.
67. Juan lloró su muerte y ellos también ....su muerte.
68. Juan eligió su ropa y ellos también .... su ropa.
69. Juan cumplió la misión y ellos también ....su misión.
70. Juan fichó al salir y ellos también ....al salir.
71. Juan jugó al parchís y ellos también ....al parchís.
72. Juan rasgó sus vestiduras y ellos también .... sus vestiduras.
73. Juan escupió la comida y ellos también ....la comida.
74. Juan se tiñó el pelo y ellos también ....el pelo.

75. Juan llamó a mi primo y ellos también ....a mi primo.
76. Juan volcó el vaso y ellos también .... el vaso.
77. Juan oyó cotilleos y ellos también ....cotilleos.
78. Juan partió la tarta y ellos también ....la tarta.
79. Juan frotó la lámpara y ellos también .... la lámpara.
80. Juan omitió la información y ellos también.................la información.

CLAVE DE CORRECIÓN SEGÚN LA CATEGORÍA DE ESTÍMULOS

Nº	CATEGORÍA	ACIERTO	ERROR
1.	A		
2.	F		
3.	C		
4.	H		
5.	B		
6.	E		
7.	D		
8.	F		
9.	A		
10.	H		
11.	C		
12.	B		
13.	G		
14.	D		
15.	E		
16.	B		
17.	D		
18.	G		
19.	E		
20.	G		
21.	A		
22.	C		
23.	F		
24.	D		
25.	E		
26.	G		
27.	B		

Nº	CATEGORÍA	ACIERTO	ERROR
28.	F		
29.	H		
30.	A		
31.	E		
32.	C		
33.	E		
34.	B		
35.	F		
36.	D		
37.	G		
38.	H		
39.	A		
40.	H		
41.	F		
42.	E		
43.	A		
44.	C		
45.	E		
46.	C		
47.	G		
48.	D		
49.	E		
50.	B		
51.	F		
52.	A		
53.	F		
54.	H		
55.	C		
56.	H		
57.	D		
58.	G		
59.	B		
60.	H		
61.	D		
62.	G		

Nº	CATEGORÍA	ACIERTO	ERROR
63.	A		
64.	F		
65.	C		
66.	H		
67.	A		
68.	G		
69.	C		
70.	B		
71.	E		
72.	B		
73.	D		
74.	H		
75.	A		
76.	F		
77.	G		
78.	C		
79.	B		
80.	D		
RESULTADOS			
A(1ª regulares alta frecuencia)=		/10	
B(1ª regulares baja frecuencia)=		/10	
C(2ª,3ª regulares alta frecuencia) =		/10	
D(2ª,3ª regulares baja frecuencia) =		/10	
E(1ª irregulares alta frecuencia) =		/10	
F(1ª irregulares baja frecuencia)=		/10	
G(2ª, 3ª irregulares alta frecuencia)=		/10	
H(2ª,3ª irregulares baja frecuencia) =		/10	
1ª CONJUGACIÓN (A+B+E+F)=	/40		
2ª Y 3ª CONGUJACIÓN (C+D+G+H)=	/40		
REGULARES (A+B+C+D)=	/40		
IRREGULARES (E+F+G+H)=	/40		
FRECUENTES (A+E+C+G)=	/40		
INFRECUENTES (B+F+D+H)=	/40		

13.4 Tarea de concordancia de tiempo verbal sin pista superficial

Esta prueba está basada en la tarea propuesta por Ullman y col. (1997). En su artículo plantean que el reconocimiento de las palabras puede hacerse según dos procedimientos distintos. Uno de ellos requiere seleccionar en la memoria la palabra que se va a producir y utiliza sistemas de la memoria declarativa representados en las áreas temporoparietales y temporales mediales. El otro requiere de reglas de composición que combinan las raíces de las palabras con los sufijos que pueden tomar. En el caso de los verbos, serán sufijos de tiempo, número, modo o persona. Los verbos irregulares no se pueden formar por este procedimiento y han de ser recuperados de la memoria declarativa léxica. Del mismo modo si se encuentran lesionadas áreas frontales, como sucede en los afásicos de Broca, la aplicación de reglas lingüísticas también será deficitaria. Si por el contrario, como sucede en los afásicos anómicos, con frecuentes daños en las áreas temporales, está dañada es la memoria léxica, los problemas más importantes tendrán lugar con las formas irregulares que no se pueden conjugar por reglas.

La primera conjugación tiene un alto porcentaje de verbos regulares por lo que se espera que se utilicen más los procesos de reglas con los verbos en –ar. Lo contrario ocurre con los verbos de la segunda y la tercera conjugación donde la mayoría de entradas corresponde a verbos irregulares en alguna de sus formas.

La frecuencia léxica es una característica que está relacionada con la recuperación de las palabras de la memoria. Las palabras más frecuentes se reconocen y producen más rápidamente que las infrecuentes. Por lo tanto se espera que cuando se utiliza la memoria para comprender o producir una palabra se produzcan más errores en aquellas formas que son más infrecuentes, menos familiares. Esto debería ocurrir con las formas irregulares de los verbos que necesariamente tienen que ser recuperadas de esta manera. Sin embargo no esperamos diferencia de errores entre verbos frecuentes y verbos infrecuentes si éstos son recuperados utilizando reglas, como, de hecho, puede hacerse con las formas regulares. Aún así, las formas regulares, frecuentes, por ser muy conocidas por las personas, es posible que ya estén almacenadas en la memoria, y por lo tanto no sea necesario el uso de reglas para su emisión.

Aparte del análisis cuantitativo que permite la prueba es muy conveniente apuntar literalmente las respuestas de los pacientes para poder hacer una análisis cualitativo de los errores. Hemos identificado algunas categorías de errores de las que más comenten los pacientes y son las siguientes:

1. REGULARIZACION:
   a. *sueldo→sueldé (en lugar de soldé), ando→andé (en lugar de anduve)*

2. CAMBIO DE TIEMPO, NÚMERO O PERSONA DEL MISMO VERBO:
   a. *lloré →lloro*

3. SUSTITUCIÓN
   a. SEMÁNTICA: *Ven→ miran* un verbo se sustituye por otro con relación semántica
   b. FONOLÓGICA: *prenden→prueban* un verbo se sustituye por otro y comparten algunos fonemas sobre todo de la raíz (se suele considerar que debe de haber alrededor del 50% de fonemas comunes)
   c. GRAMATICAL: *junté→ tendí* un verbo por otro verbo pero sin relación ni fonológica ni semántica

4. CIRCUNLOQUIOS: *cuelgan→se tapan con el saco*

5. OMISIONES: sin respuesta

6. OTROS: sustituciones por circunloquios u otros palabras que no sean verbos.

Las regularizaciones son claros ejemplos de una sobreaplicación de las reglas de composición morfológica. Toman el morfema de raíz y le añaden los sufijos correspondientes del tiempo, número y persona. El problema surge cuando se aplica este modo de operar a las raíces que son irregulares porque en ese caso la raíz de la forma que se propone sufre una variación fonológica respecto de la forma que ha de formarse, por eso se comete un error de regularización. Este es el modo de proceder típico de aquellos pacientes que tienen dificultades para acceder a su memoria léxica a largo plazo, como es el caso de los anómicos (Véase Cuetos, Domínguez, Baauw y Berthier, 2007). Hemos dicho antes que las formas irregulares sólo pueden producirse correctamente acudiendo a la memoria. La regularización es el error típico que debe producirse si no se acude a la memoria y lo que se hace es generalizar la aplicación de una regla.

También son síntoma de fallos de acceso a la memoria léxica los circunloquios y las omisiones. En ambos casos el paciente no es capaz de encontrar una forma léxica que está buscando para producirla. Si el paciente es un anómico severo producirá este tipo de fallos en lugar de las regularizaciones. Puede ser que el paciente no cometa regularizaciones ni errores en palabras regulares y produzca circunloquios y omisiones en palabras irregulares. Otra posibilidad es la de aquellos pacientes que cometan omisiones y circunloquios tanto en formas regulares como irregulares. Este modo de proceder implicaría hacer uso de una única ruta de producción de formas verbales, la ruta directa léxica.

En cuanto a los cambios de tiempo, número o persona son típicos de aquellos pacientes que intentan aplicar reglas de composición morfológica pero que fracasan al hacerlo. Sucede en los pacientes agramáticos. Se aplica mal la regla de composición y surge el error en alguno de los sufijos de la cadena que forman el verbo.

Las sustituciones son un síntoma de estar utilizando el léxico mental para solucionar la tarea. Tanto el aspecto fonológico como el aspecto semántico están vinculados al uso del almacén léxico de memoria. Sabemos que las palabras no están almacenadas en la memoria de manera aislada. Aquellas palabras que se parecen fonológicamente entre sí tienen mayor probabilidad de ser confundidas a la hora de ser producidas o de ser reconocidas. La variable "vecindad ortográfica" y los resultados que ha producido en la investigación de los últimos años demuestra que cuando se ha de reconocer una palabra no sólo se activa en la memoria la representación correspondiente a este estímulo sino todas aquellas formas léxicas que comparten con esta algunos fonemas en la misma posición (Luce y Pisoni, 1998). Incluso si trasponemos letras dentro de las palabras podemos identificarlas sin mayores dificultades, siempre y cuando mantengamos un cierto grado de parecido ortográfico fonológico (Andrews, 1996) Algo muy similar ocurre con el significado. Los errores espontáneos del habla demuestran que a veces producimos palabras que comparten rasgos semánticos con las palabras que queremos producir. Errores como "se supone que es *padre…* que es *hija* de padres mexicanos" demuestran que la activación de formas léxicas no es única sino que es múltiple y que la memoria está organizada semánticamente. Aquellos conceptos que se relacionan semánticamente están más próximos entre sí en la retícula de significados que conforma nuestra memoria (Schvaneveldt y Meyer, 1973). De la misma manera el fenómeno de "priming" semántico demuestra el mismo fenómeno de proximidad semántica. Si reconocemos ahora una palabra como *convento* y dentro de unos segundos otra como monja el reconocimiento de esta segunda va a ser más rápido que si *monja* hubiera ido precedida por *ladrillo*, una palabra con la que no mantiene ninguna relación ni semántica ni morfológica. Finalmente las sustituciones que hemos llamado gramaticales suponen un error en el que se generan bien los sufijos de la forma verbal pero la raíz corresponde a otro verbo que no tiene ni relación morfológica ni semántica con la forma verbal que se ha pedido. Es de suponer que se trata también de un fallo a nivel de la recuperación léxica pero es difícil de saber por qué se produce tal sustitución. En cualquier caso habrá de observarse si estas sustituciones cumplen con las características de un fenómeno léxico o no, sobre todo si afecta más a formas léxicas frecuentes que infrecuentes. La facilidad o dificultad para recuperar un ítem de la memoria depende de la familiaridad de ese ítem. Si es una palabra muy frecuente, que se ha aprendido pronto y que se recupera y almacena con mucha frecuencia, entonces su producción o su reconocimiento serán más rápidos (Howes, 1957).

Paciente

Nombre:............................ **Apellidos** ....

En esta tarea el/la paciente debe continuar la frase que lee el/la evaluador/a. Esta continuación exige cambiar el tiempo del verbo desde el presente a un tiempo pasado a través de la presencia del adverbio de tiempo *"ayer"*. El/la evaluador/a debe comenzar ofreciendo un ejemplo en el que realiza la tarea completa de un par de frases.

Ahora yo te voy a decir una frase y tu deber continuarla. Mira cómo lo hago yo:

Si yo te digo
"Todos los días voy al cine. Ayer, como todos los días, también (¿como seguirías tú?)*.........al cine"*

Escucha esta otra frase:
"Todos los días como carne. Ayer, como todos los días también (¿cómo seguirías tú?)*.......carne"*

Una vez que el/la evaluador/a se ha asegurado de que el/la paciente ha entendido la tarea comienzan los ítems de evaluación. Téngase en cuenta que con cada una de las frases de abajo hay que montar una frase como la de los ejemplos.

1. …formo un puzle. Ayer ....
2. …cuelgo el abrigo. Ayer ....
3. …bebo agua. Ayer ....
4. …muelo el trigo. Ayer ....
5. …baño a mi hijo. Ayer ....
6. …ando un kilómetro. Ayer ....
7. …barro la cocina. Ayer ....
8. …cuelo la leche. Ayer ....
9. …miro la tele. Ayer ....
10. …muerdo unas papas. Ayer ....
11. …vivo en el norte. Ayer ....
12. …bordo una bufanda. Ayer ....
13. …caigo en la cuenta. Ayer ....
14. …lamo la mano. Ayer ....
15. …cierro la puerta. Ayer ....
16. …talo los árboles. Ayer ....
17. …ofendo a alguien. Ayer ....
18. …pongo la mesa. Ayer ....
19. …compruebo el coche. Ayer ....
20. …vengo de La Laguna. Ayer ....
21. …trabajo en la oficina. Ayer ....
22. …como una manzana. Ayer ....
23. …remiendo la ropa. Ayer ....
24. …zurzo un calcetín. Ayer ....
25. …cuento una historia. Ayer ....
26. …sigo adelante. Ayer ....
27. …clavo una chincheta. Ayer ....
28. …riego mis plantas. Ayer ....
29. …vierto la sal. Ayer ....
30. …gano veinte euros. Ayer ....
31. …recuerdo a mi madre. Ayer ....

32. ...sufro una barbaridad. Ayer...
33. ...doy una limosna. Ayer...
34. ...sudo en el gimnasio. Ayer...
35. ...ruego a Dios. Ayer...
36. ...toso mucho. Ayer...
37. ...salgo de paseo. Ayer..
38. ...traduzco el idioma. Ayer...
39. ...hablo con mi hermano. Ayer...
40. ...tiendo en la terraza. Ayer...
41. ...siego el jardín. Ayer..
42. ...muestro mis fotos. Ayer..
43. ...quedo con Mario. Ayer...
44. ...corro un kilómetro. Ayer..
45. ...pienso en la comida. Ayer...
46. ...escribo una carta. Ayer...
47. ...me río de la comedia. Ayer...
48. ...pulo la plata. Ayer...
49. ...me siento en mi sofá. Ayer..
50. ...junto las camas. Ayer..
51. ...tuesto pan. Ayer..
52. ...paso por la calle. Ayer...
53. ...sueldo los hierros. Ayer..
54. ...gimo en el duelo. Ayer..
55. ...rompo una carta. Ayer...
56. ...tuerzo el paño. Ayer..
57. ...fundo la mantequilla. Ayer...
58. ...concluyo la tarea. Ayer...
59. ...inflo diez globos. Ayer..
60. ...hiervo la comida. Ayer..
61. ...gruño a los niños. Ayer...
62. ...duermo ocho horas. Ayer...
63. ...logro un dinero. Ayer..
64. ...sierro una tabla. Ayer..
65. ...abro la puerta. Ayer..
66. ...riño a mi hijo. Ayer...
67. ...lloro su muerte. Ayer...

68. ...elijo mi ropa. Ayer ....

69. ...cumplo una misión. Ayer ....

70. ...ficho al salir. Ayer ....

71. ...juego al parchís. Ayer ....

72. ...rasgo papel. Ayer ....

73. ...escupo en la basura. Ayer ....

74. ...me tiño el pelo. Ayer ....

75. ...llamo a mi primo. Ayer ....

76. ...vuelco el vaso. Ayer ....

77. ...oigo cotilleos. Ayer ....

78. ...parto la tarta. Ayer ....

79. ...froto la plata. Ayer ....

80. ...omito el nombre. Ayer ....

CLAVE DE CORRECIÓN SEGÚN LA CATEGORÍA DE ESTÍMULOS

Nº	CATEGORÍA	ACIERTO	ERROR
1.	A		
2.	F		
3.	C		
4.	H		
5.	B		
6.	E		
7.	D		
8.	F		
9.	A		
10.	H		
11.	C		
12.	B		
13.	G		
14.	D		
15.	E		
16.	B		
17.	D		
18.	G		
19.	E		

Nº	CATEGORÍA	ACIERTO	ERROR
20.	G		
21.	A		
22.	C		
23.	F		
24.	D		
25.	E		
26.	G		
27.	B		
28.	F		
29.	H		
30.	A		
31.	E		
32.	C		
33.	E		
34.	B		
35.	F		
36.	D		
37.	G		
38.	H		
39.	A		
40.	H		
41.	F		
42.	E		
43.	A		
44.	C		
45.	E		
46.	C		
47.	G		
48.	D		
49.	E		
50.	B		
51.	F		
52.	A		

Nº	CATEGORÍA	ACIERTO	ERROR
53.	F		
54.	H		
55.	C		
56.	H		
57.	D		
58.	G		
59.	B		
60.	H		
61.	D		
62.	G		
63.	A		
64.	F		
65.	C		
66.	H		
67.	A		
68.	G		
69.	C		
70.	B		
71.	E		
72.	B		
73.	D		
74.	H		
75.	A		
76.	F		
77.	G		
78.	C		
79.	B		
80.	D		
RESULTADOS			
A(1ª regulares alta frecuencia)=			/10
B(1ª regulares baja frecuencia)=			/10
C(2ª,3ª regulares alta frecuencia) =			/10
D(2ª,3ª regulares baja frecuencia) =			/10

Nº	CATEGORÍA	ACIERTO	ERROR
E(1ª irregulares alta frecuencia) =			/10
F(1ª irregulares baja frecuencia)=			/10
G(2ª, 3ª irregulares alta frecuencia)=			/10
H(2ª,3ª irregulares baja frecuencia) =			/10
1ª CONJUGACIÓN (A+B+E+F)=		/40	
2ª Y 3ª CONGUJACIÓN (C+D+G+H)=		/40	
REGULARES (A+B+C+D)=		/40	
IRREGULARES (E+F+G+H)=		/40	
FRECUENTES (A+E+C+G)=		/40	
INFRECUENTES (B+F+D+H)=		/40	

13.5 Tarea de concordancia de tiempo verbal con pista superficial

Esta tarea es muy parecida a la otra tarea de concordancia de tiempo verbal. Es por eso que las indicaciones respecto a las variables utilizadas para aquella; frecuencia, regularidad y conjugación, sirven también para ésta. La diferencia se encuentra en la pista sobre el tiempo verbal a utilizar puesto que antes de la respuesta de la persona evaluada se ofrece otro verbo en el mismo tiempo que aquel que debe producir. Así, en la frase *"Todos los días pinto un cuadro. Ayer, como todos los días, preparé los pinceles y ....* (PINTÉ) *un cuadro"* el verbo *"preparar"* lleva el sufijo de pasado que indica al paciente la forma verbal que debe conjugar en el verbo que va a producir en la siguiente cláusula. Los verbos de la primera conjugación van precedidos por un verbo de la primera conjugación y los de la segunda y tercera por verbos de la segunda y tercera conjugaciones. Se ha cuidado de que los sufijos para ambos verbos sean los mismos y que por lo tanto el primer verbo facilite la producción del segundo.

Puede considerarse una tarea más fácil de realizar para aquellos pacientes que utilicen de modo correcto las reglas, puesto el verbo que se ofrece en las frases facilita la generación de la forma correcta, al menos en las formas regulares. Sin embargo ha de tenerse en cuenta que aquellos pacientes que tengan dañada su memoria operativa van a tener más problemas con estas frases que añaden la pista superficial puesto que tienen algunos elementos léxicos más que han de ser mantenidos en la memoria.

Paciente
Nombre:............................. Apellidos ....

En esta tarea el/la paciente debe continuar la frase que lee el/la evaluador/a. Esta continuación exige cambiar el tiempo del verbo desde el presente a un tiempo pasado a través de la presencia del adverbio de tiempo *"ayer"*. Esta prueba añade a la tarea sin pista superficial una forma verbal justo antes del verbo a generar por el paciente, en su mismo tiempo y persona. La conjugación también es la misma si el verbo es de la primera y si es de la segunda o la tercera se utilizan verbos de estas dos conjugaciones indistintamente puesto que usan el mismo sufijo. Además, ese verbo es semánticamente congruente con el que tiene que producir el paciente.

144

El/la evaluador/a debe comenzar ofreciendo un ejemplo en el que realiza la tarea completa de un par de frases.

Ahora yo te voy a decir una frase y tu deber continuarla. Mira cómo lo hago yo.

Si yo te digo

"Todos los días pinto un cuadro. Ayer, como todos los días, preparé los pinceles y (¿como seguirías tú?).........un cuadro"

Escucha esta otra frase:

"Todos los días como carne. Ayer, como todos los días, freí la ternera y (¿cómo seguirías tú?).......carne"

Una vez que el/la evaluador/a se ha asegurado de que el/la paciente ha entendido la tarea comienzan los ítems de evaluación. Téngase en cuenta que con cada una de las frases de abajo hay que montar una frase como la de los ejemplos

1. ...formo un puzle. Ayer, estudié y ....un puzle.
2. ...cuelgo el abrigo. Ayer, me quité la bufanda y .... el abrigo.
3. ...bebo agua. Ayer, subí a la fuente y .... agua.
4. ...muelo el trigo. Ayer, recogí la cebada y ....el trigo.
5. ...baño a mi hijo. Ayer, cambié y ....a mi hijo
6. ...ando un kilómetro. Ayer, me cambié y ....un kilómetro.
7. ...barro la cocina. Ayer, tendí la ropa y .... la cocina.
8. ...cuelo la leche. Ayer, calenté y .... la leche.
9. ...miro la tele. Ayer, escuché la radio y ....la tele.
10. ...me muerdo la lengua. Ayer, comí un filete y me ....la lengua.
11. ...vivo una nueva experiencia. Ayer, sentí una gran emoción y.....una nueva experiencia.
12. ...bordo una bufanda. Ayer, corté un traje y .... una bufanda.
13. ...caigo en la cuenta. Ayer, discurrí y .... en la cuenta.
14. ...lamo un helado. Ayer, recorrí un kilómetro y .... un helado.
15. ...cierro la puerta. Ayer, apagué las luces y ....la puerta.
16. ...talo algunos árboles. Ayer, podé las ramas y ....algunos árboles.
17. ...ofendo a alguien. Ayer, leí mi discurso y ....a alguien.
18. ...pongo la mesa. Ayer, freí el bistec y .... la mesa.
19. ...compruebo el motor. Ayer, engrasé las piezas y................. el motor.
20. ...vengo de La Laguna. Ayer, subí a mi coche y...........de La Laguna.

21.   ...trabajo en la oficina. Ayer, me levanté temprano y......en la oficina.
22.   ...como una manzana. Ayer, recorrí la ciudad y ....una manzana.
23.   ...remiendo las camisas. Ayer, lavé los pantalones y ....las camisas.
24.   ...zurzo los calcetines. Ayer, lavé las medias y ....los calcetines.
25.   ...cuento una historia. Ayer, recité un poema y .... una historia.
26.   ...sigo las noticias. Ayer, vi los deportes y ....las noticias.
27.   ...clavo las chinchetas. Ayer, limpié la pared y .... las chinchetas.
28.   ...riego las plantas. Ayer, aboné el terreno y.................... las plantas.
29.   ...vierto la sal. Ayer, cogí el salero y ....la sal.
30.   ...gano veinte euros. Ayer, me esforcé y........................ veinte euros.
31.   ...recuerdo a mi madre. Ayer, me emocioné y .... a mi madre.
32.   ...sufro una barbaridad. Ayer, fui al dentista y ....una barbaridad.
33.   ...doy una limosna. Ayer, fui a la iglesia y ....una limosna.
34.   ...sudo en el gimnasio. Ayer, levanté pesas y ....en el gimnasio.
35.   ...ruego a Dios. Ayer, recé una oración y.............................a Dios.
36.   ...toso en la calle. Ayer, cogí frío y .... en la calle.
37.   ...salgo de paseo. Ayer, concluí mi trabajo y .... de paseo.
38.   ...traduzco un párrafo. Ayer, leí un capítulo y................. un párrafo.
39.   ...hablo con mi hermano. Ayer, visité a mi madre y ....con mi hermano.
40.   ...tiendo en la terraza. Ayer, cosí la ropa y ....en la terraza.
41.   ...siego el césped. Ayer, arreglé la cortadora y ....el césped.
42.   ...muestro mis documentos. Ayer, crucé la aduana y................... mis documentos
43.   ...me quedo en casa. Ayer, regresé del trabajo y ....en casa.
44.   ...corro un kilómetro. Ayer, descendí la montaña y ......un kilómetro.
45.   ...pienso en ella. Ayer, la eché de menos y ....en ella.
46.   ...escribo una carta. Ayer, leí mi correspondencia y........... una carta.
47.   ...me río con sus chistes. Ayer, volví a escucharlo y.... con sus chistes.
48.   ...pulo la plata. Ayer, prendí la chimenea y ....la plata.
49.   ...siento lo ocurrido. Ayer, me arrepentí y...................... lo ocurrido.
50.   ...junto las camas. Ayer, aparté la mesilla y.......................las camas.
51.   ...tuesto el pan. Ayer, preparé la sopa y................................ el pan.
52.   ...paso por la calle. Ayer, bajé de mi casa y ....por la calle.
53.   ...sueldo los hierros. Ayer, descargué el camión y.............los hierros.
54.   ...gimo en la función. Ayer, fui al teatro y ....en la función.

55. ...rompo un plato. Ayer, batí un huevo y ....un plato.
56. ...tuerzo el paño. Ayer, escurrí la toalla y .... el paño.
57. ...fundo la mantequilla. Ayer, cocí el pollo y ....la mantequilla.
58. ...concluyo la tarea. Ayer, imprimí el contrato y .... la tarea.
59. ...inflo las ruedas. Ayer, llené el depósito e .... las ruedas.
60. ...hiervo la verdura. Ayer, recogí las coles y ....la verdura.
61. ...gruño a los niños. Ayer, reñí y .... a los niños.
62. ...duermo ocho horas. Ayer, me fui a la cama y ....ocho horas.
63. ...logro mis objetivos. Ayer, me esforcé y .... mis objetivos.
64. ...sierro varias tablas. Ayer, cargué las maderas .... varias tablas.
65. ...abro la puerta. Ayer, cogí las llaves y ....la puerta.
66. ...riño a mi hijo. Ayer, fui a mi casa y .... a mi hijo.
67. ...lloro su muerte. Ayer, soñé con ella y...........................su muerte.
68. ...elijo mi ropa. Ayer, encendí la luz y ....mi ropa.
69. ...cumplo una misión. Ayer, acogí a mi amigo y...............una misión.
70. ...ficho en el trabajo. Ayer, conecté el ordenador y........ en el trabajo.
71. ...juego al parchís. Ayer, preparé las fichas y ....al parchís.
72. ...rasgo papel. Ayer, saqué las cartulinas y ....el papel.
73. ...escupo sangre. Ayer, me sentí mal y ....sangre.
74. ...me tiño el pelo. Ayer, escogí el color y me............................el pelo.
75. ...llamo a mi primo. Ayer, acabé de trabajar y ....a mi primo.
76. ...vuelco el vaso. Ayer, aparté la mesa y .... el vaso.
77. ...cotilleos. Ayer, vi un corrillo y ....cotilleos.
78. ...parto la tarta. Ayer, serví el postre y ....la tarta.
79. ...froto los cristales. Ayer, limpié las puertas y ....los cristales.
80. ...omito alguna palabra. Ayer, transcribí el artículo y .... alguna
    palabra

CLAVE DE CORRECIÓN SEGÚN LA CATEGORÍA DE ESTÍMULOS

Nº	CATEGORÍA	ACIERTO	ERROR
1.	A		
2.	F		
3.	C		
4.	H		
5.	B		

Nº	CATEGORÍA	ACIERTO	ERROR
6.	E		
7.	D		
8.	F		
9.	A		
10.	H		
11.	C		
12.	B		
13.	G		
14.	D		
15.	E		
16.	B		
17.	D		
18.	G		
19.	E		
20.	G		
21.	A		
22.	C		
23.	F		
24.	D		
25.	E		
26.	G		
27.	B		
28.	F		
29.	H		
30.	A		
31.	E		
32.	C		
33.	E		
34.	B		
35.	F		
36.	D		
37.	G		
38.	H		

Nº	CATEGORÍA	ACIERTO	ERROR
39.	A		
40.	H		
41.	F		
42.	E		
43.	A		
44.	C		
45.	E		
46.	C		
47.	G		
48.	D		
49.	E		
50.	B		
51.	F		
52.	A		
53.	F		
54.	H		
55.	C		
56.	H		
57.	D		
58.	G		
59.	B		
60.	H		
61.	D		
62.	G		
63.	A		
64.	F		
65.	C		
66.	H		
67.	A		
68.	G		
69.	C		
70.	B		
71.	E		

Nº	CATEGORÍA	ACIERTO	ERROR
72.	B		
73.	D		
74.	H		
75.	A		
76.	F		
77.	G		
78.	C		
79.	B		
80.	D		
RESULTADOS			
A(1ª regulares alta frecuencia)=			/10
B(1ª regulares baja frecuencia)=			/10
C(2ª,3ª regulares alta frecuencia) =			/10
D(2ª,3ª regulares baja frecuencia) =			/10
E(1ª irregulares alta frecuencia) =			/10
F(1ª irregulares baja frecuencia)=			/10
G(2ª, 3ª irregulares alta frecuencia)=			/10
H(2ª,3ª irregulares baja frecuencia) =			/10
1ª CONJUGACIÓN (A+B+E+F)=		/40	
2ª Y 3ª CONGUJACIÓN (C+D+G+H)=		/40	
REGULARES (A+B+C+D)=		/40	
IRREGULARES (E+F+G+H)=		/40	
FRECUENTES (A+E+C+G)=		/40	
INFRECUENTES (B+F+D+H)=		/40	

13.6 Tarea de elicitación de preguntas sin pista superficial

Esta tarea es la más compleja y la que produce una tasa más alta de errores entre los agramáticos. Esta complejidad se deriva de que el paciente debe hacer un traslado de los sintagmas desde posiciones que se encuentran en la afirmación hasta posiciones distintas en las preguntas. Además, debe introducir partículas interrogativas al inicio de las mismas, en concreto las siguientes: qué, quién, a quién, dónde, cuándo y por qué. La información para elaborar la pregunta se ofrece en un microrrelato que induce esa pregunta por lo que también pueden jugar un papel en las respuestas el estado de la memoria de trabajo del paciente. Friedmann (2002) estudió este tipo de tarea en sus investigaciones con agramáticos descubriendo que al ocupar este proceso los nodos más altos del árbol de producción sintáctica producen gran cantidad de errores en los pacientes agramáticos, que suelen tener dañadas sus habilidades productivas antes del nodo de tiempo verbal y después del nodo de número y persona. Además de esta tarea se presenta a continuación otra de elicitación de preguntas con pista superficial sonde se ofrece la misma información para generar la pregunta pero además se proporciona de manera explícita la partícula interrogativa que debe iniciar la pregunta.

Paciente
Nombre.......................... Apellidos ....

A continuación te voy a contar una historia muy breve y tú, después, tendrás que hacer una pregunta. Para que lo entiendas bien voy a ponerte un par de ejemplos:

Yo te leo:

"Juan llega al gimnasio y María le pide por favor que le preste el coche sólo un ratito para ir a recoger a su hijo al colegio. Le da las llaves y ella, para saber en qué sitio lo ha dejado, le pregunta..."

¿Quieres que te lo repita?

....

Ahora tú deberías ponerte en el lugar de María y preguntarle a Juan la información que necesitas para ir a buscar el coche, por ejemplo:

"¿Dónde está aparcado el coche?"

te voy a poner otro ejemplo:

"Aníbal está preparando unas oposiciones para el Ministerio de Justicia. Todos los días estudia 8 horas pero hoy está viendo la televisión tranquilamente desde por la mañana. Su madre le pregunta la razón de que no esté estudiando..."

la pregunta que deberías hacer en este caso es:

"¿Por qué no estudias hoy?"

Como verás es muy fácil, sólo tienes que hacer preguntas que empiecen por DÓNDE, CUÁNDO, QUÉ, QUIÉN, A QUIÉN y POR QUÉ. Cuando te pregunten por un lugar o espacio físico: DÓNDE; cuando te pregunten por un momento temporal, CUÁNDO; cuando te pidan identificar algo, QUÉ; cuando te pregunten por una persona que hace algo, QUIÉN; cuando te preguntan por una persona a la que le hacen algo, A QUIÉN; y cuando te pregunten por una razón o una causa de algo, POR QUÉ. (es conveniente interactuar con el paciente para estar seguros de que entiende la relación entre los adverbios y las situaciones a las que deben aplicarse).

Cuando tú quieras empezamos.

El evaluador debe apuntar literalmente la respuesta del paciente.

1. Andrea está muy aburrida en su casa y ve por la ventana que Mario se afana en atornillar unas tablas para construir algo. Le pica la curiosidad y baja a preguntarle...

....

2. Todo el mundo se toma el café con azúcar menos Juan. La semana pasada estuve con él en la cafetería y cuando pidió el café y devolvió el sobrecito al camarero aproveché para preguntarle la razón...

....

3. Antes de primavera se pueden sembrar distintos vegetales en la huerta para poder recoger la cosecha en verano. Pedro debe comprar los vegetales que va a sembrar, pero tiene muchas dudas y le pregunta a su vecino de huerta

....

4. Ayer Mario tuvo que dejarle las llaves del garaje a su hijo para que pudiera coger la moto, pero su hijo luego las dejó tiradas en cualquier sitio de la casa, de manera que cuando Mario fue a buscarlas tuvo que llamar a su hijo por teléfono para preguntarle...

....

5. El médico se presenta en la consulta y hay 5 niños enfermos. Decide empezar viendo al que le duele la barriga. Se presenta en la sala de espera donde están todos y pregunta en voz alta...

....

6. Juan llama a Carlos para dale la mala noticia de que Marta ya tiene pareja para ir a la fiesta. A Carlos le pica la curiosidad sobre el acompañante de Marta y le pregunta a Juan...

....

7. Hace ya varias semanas que Yanira no visita a su abuela. Parece que nunca encuentra un rato para ir a verla y su madre le pide que fije un día par la visita preguntándole por ese momento...

....

8. Laura tiene muchas ganas de volver a ver su serie favorita de televisión. Le han dicho que pronto la van a reponer así que, ni corta ni perezosa, llama a Antena 3 para preguntar...

....

9. Eladio guardó la cámara de fotos la última vez que la usó. Tú necesitas ahora la cámara, pero no la encuentras, así que cuando llega Eladio le preguntas...

....

10. María vive en una residencia y comparte habitación. Su antigua compañera ha dejado la residencia y le van a poner a otra persona que aún no conoce. Cuando la enfermera entra en la habitación le pregunta por su nueva compañera...

....

11. En el colegio todos los días hacen media hora de lectura. El maestro ha repartido números para que los alumnos sepan cuándo les toca leer a cada uno. Al llegar hoy a clase, antes de empezar a leer les pregunta...

....

12. Juana se encuentra con su amiga Loli en Septiembre, justo después de venir de vacaciones, y lógicamente le pregunta por el sitio al que fue con su marido...

....

13. Hay un niño gritando en la calle y mucha gente mirando alrededor, tú te acercas a ellos y quieres saber el motivo de los llantos del niño, por eso les preguntas la razón por la que llora...

....

14. Andrés no tiene ninguna gana de que empiece el curso. De hecho ni siquiera sabe la fecha de comienzo, así que llama a su compañero Eduardo y le pregunta...

....

15. Bea tiene pensado ir de viaje a Madrid y su amiga Marta se plantea ir con ella dependiendo de la fecha que Bea haya escogido, así que la llama para preguntarle...

....

16. La vecina de arriba te ha rayado el coche con una llave en el parking del edificio. Tú te llevas bien con ella, nunca has tenido ningún problema, pero sabes que ha sido ella porque la has visto. Cuando te cruzas al día siguiente en las escaleras le preguntas el motivo de su conducta...

....

17. El lunes a primera hora tu jefe te llama al despacho y te dice que estás despedida. Tú no tienes ni idea de la razón, así que le preguntas...

....

18. Manolo, a veces, tienes serios problemas de memoria. Por ejemplo esta mañana fue con su mujer al centro y luego no recordaba en qué calle había aparcado el coche así que tuvo que preguntarle a su mujer...

....

19. En la clase de Esteban han empezado a faltar cosas desde hace unos días. Esta mañana ha desaparecido la mochila de Esteban y tú quieres saber la persona que la ha robado, entonces preguntas a tu compañera...

....

20. Ayer llegaste tarde a trabajar. Es la tercera vez que te pasa en este mes y tu jefe está bastante enfadado con estos retrasos. Además, como no le has dado ninguna explicación en las dos ocasiones anteriores ahora te llama a su despacho y te pregunta la razón...

....

21. Marta es una excelente cocinera. Hoy se está esmerando mucho en la cocina porque tiene invitados a cenar. Cuando llegan los invitados los pasa a la cocina porque aún no ha acabado de cocinar y ellos están intrigados con los pucheros que hay al fuego porque quieren saber...

....

22. Las paredes de la casa tienen desconchones y están muy deterioradas. Pepa necesita al menos un voluntario entre sus 3 hijos que la ayude a pintar, así que reúne a los 3 y les pregunta...

....

23. En la hora de gimnasia de mantenimiento María empujó a una compañera sin querer y tuvieron que llevarla al hospital. Cuando llegas preguntas a tus compañeros por la identidad de la persona que recibió el empujón de María...

....

24. Elvira se entera de que su hermana Juani está embarazada. Elvira tiene que irse de la ciudad para trabajar en otro sitio. Le gustaría mucho

estar aquí para ver al bebé cuando nazca. Como no sabe la fecha aproximada la llama para preguntarle…

....

25. Tú necesitas que te cambien un enchufe. En tu edificio hay un encargado de la electricidad. Te han dicho que debes buscarlo en la primera planta pero cuando vas allí hay cinco personas y tienes que preguntar en voz alta…

....

26. Felipe quiere escribir una reclamación para que le devuelvan parte del dinero de su declaración de la renta. El problema es que no sabe muy bien el procedimiento que tiene que seguir, así que llama a su amiga Margarita que trabaja en Hacienda y le pregunta…

....

27. Ayer la policía hizo un registró en la empresa de Celestino y detuvo a uno de los directivos. Tú quisieras saber la persona a la que detuvieron, así que preguntas…

....

28. Amelia recibió una llamada la semana pasada del Servicio de Salud para que se pase por las oficinas centrales pero ella no ha ido nunca allí así que tuvo que preguntar por su ubicación…

....

29. La policía persigue a alguien por la calle por un presunto robo. Parece que es alguien del barrio que todos conocemos. Estefanía quiere enterarse y le pregunta a una vecina…

....

30. Julio se ha ido de vacaciones a Guatemala. Se lo está pasando muy bien pero a veces no entiende el significado de algunas palabras y tiene que preguntar…

....

Hoja de Respuestas

PREGUNTA	CORRECTO	ACIERTO	ERROR
1	Qué		
2	Por qué		
3	Qué		
4	Dónde		
5	A quién		
6	Quién		
7	Cuándo		
8	Cuándo		
9	Dónde		
10	Quién		
11	A quién		
12	Dónde		
13	Por qué		
14	Cuándo		
15	Cuándo		
16	Por qué		
17	Por qué		
18	Dónde		
19	Quién		
20	Por qué		
21	Qué		
22	Quién		
23	A quién		
24	Cuándo		
25	Quién		
26	Qué		
27	A quién		
28	Dónde		
29	A quién		
30	Qué		
	TOTAL	/30	/30

PARCIALES

QUÉ	QUIÉN	A QUIÉN	DÓNDE	CUÁNDO	POR QUÉ
/5	/5	/5	/5	/5	/5

157

13.7 Tarea de elicitación de preguntas con pista superficial

Paciente
Nombre.............................. Apellidos ....

A continuación te voy a contar una historia muy breve y tú, después, tendrás que hacer una pregunta. Para que lo entiendas bien voy a ponerte un par de ejemplos:

Yo te leo:

"Juan llega al gimnasio y María le pide por favor que le preste el coche sólo un ratito para ir a recoger a su hijo al colegio. Le da las llaves y ella, para saber dónde lo ha dejado, le pregunta..."

¿Quieres que te lo repita?

....

Ahora tú deberías ponerte en el lugar de María y preguntarle a Juan la información que necesitas para ir a buscar el coche, por ejemplo:

"¿Dónde está aparcado el coche?"

te voy a poner otro ejemplo:

"Aníbal está preparando unas oposiciones para el Ministerio de Justicia. Todos los días estudia 8 horas pero hoy está viendo la televisión tranquilamente desde por la mañana. Su madre le pregunta por qué no está estudiando..."

la pregunta que deberías hacer en este caso es:

"¿Por qué no estudias hoy?"

Como verás es muy fácil, sólo tienes que hacer preguntas que empiecen por DÓNDE, CUÁNDO, QUÉ, QUIÉN, A QUIÉN y POR QUÉ. Cuando te pregunten por un lugar o espacio físico: DÓNDE; cuando te pregunten por un momento temporal, CUÁNDO; cuando te pidan identificar algo, QUÉ; cuando te pregunten por una persona que hace algo, QUIÉN; cuando te preguntan por una persona a la que le hacen algo, A QUIÉN; y cuando te pregunten por una razón o una causa de algo, POR QUÉ. (es conveniente interactuar con el paciente para estar seguros de que entiende la relación entre los adverbios y las situaciones a las que deben aplicarse).

158

Cuando tú quieras empezamos.

El evaluador debe apuntar literalmente la respuesta del paciente.

1. Andrea está muy aburrida en su casa y ve por la ventana que Mario se afana en atornillar unas tablas para construir algo. Le pica la curiosidad y baja a preguntarle qué hace...

....

2. Todo el mundo se toma el café con azúcar menos Juan. La semana pasada estuve con él en la cafetería y cuando pidió el café y devolvió el sobrecito al camarero aproveché para preguntarle por qué

....

3. Antes de primavera se pueden sembrar distintos vegetales en la huerta para poder recoger la cosecha en verano. Pedro debe comprar los vegetales que va a sembrar, pero tiene muchas dudas y le pregunta a su vecino de huerta qué vegetales

....

4. Ayer Mario tuvo que dejarle las llaves del garaje a su hijo para que pudiera coger la moto, pero su hijo luego las dejó tiradas en cualquier sitio de la casa, de manera que cuando Mario fue a buscarlas tuvo que llamar a su hijo por teléfono para preguntarle dónde estaban

....

5. El médico se presenta en la consulta y hay 5 niños enfermos. Decide empezar viendo al que le duele la barriga. Se presenta en la sala de espera donde están todos y pregunta a quién le duele la barriga

....

6. Juan llama a Carlos para dale la mala noticia de que Marta ya tiene pareja para ir a la fiesta. A Carlos le pica la curiosidad sobre el acompañante de Marta y le pregunta a Juan quién es

....

7. Hace ya varias semanas que Yanira no visita a su abuela. Parece que nunca encuentra un rato para ir a verla y su madre le pide que fije un día par la visita preguntándole por ese momento…

....

8. Laura tiene muchas ganas de volver a ver su serie favorita de televisión. Le han dicho que pronto la van a reponer así que, ni corta ni perezosa, llama a Antena 3 para preguntar cuándo

....

9. Eladio guardó la cámara de fotos la última vez que la usó. Tú necesitas ahora la cámara, pero no la encuentras, así que cuando llega Eladio le preguntas dónde la puso

....

10. María vive en una residencia y comparte habitación. Su antigua compañera ha dejado la residencia y le van a poner a otra persona que aún no conoce. Cuando la enfermera entra en la habitación, le pregunta quién es

....

11. En el colegio todos los días hacen media hora de lectura. El maestro ha repartido números para que los alumnos sepan cuándo les toca leer a cada uno. Al llegar hoy a clase, antes de empezar a leer, les pregunta a quién le toca

....

12. Juana se encuentra con su amiga Loli en Septiembre, justo después de venir de vacaciones, y lógicamente le pregunta a dónde fue

....

13. Hay un niño gritando en la calle y mucha gente mirando alrededor, tú te acercas a ellos y quieres saber por qué llora…

....

14. Andrés no tiene ninguna gana de que empiece el curso. De hecho ni siquiera sabe cuándo comienza, así que llama a su compañero Eduardo y le pregunta...

....

15. Bea tiene pensado ir de viaje a Madrid y su amiga Marta se plantea ir con ella dependiendo de cuándo vaya a ir, así que la llama para preguntarle...

....

16. La vecina de arriba te ha rayado el coche con una llave en el parking del edificio. Tú quieres saber por qué te ha hecho esto y le preguntas...

....

17. El lunes a primera hora tu jefe te llama al despacho y te dice que estás despedida. Tú quieres saber por qué y le preguntas...

....

18. Manolo, a veces, tienes serios problemas de memoria. Por ejemplo esta mañana fue con su mujer al centro y luego no recordaba dónde había aparcado el coche así que tuvo que preguntarle a su mujer...

....

19. En la clase de Esteban han empezado a faltar cosas desde hace unos días. Esta mañana ha desaparecido la mochila de Esteban y tú quieres saber quién la ha robado, entonces preguntas a tu compañera...

....

20. Ayer llegaste tarde a trabajar. Es la tercera vez que te pasa en este mes y tu jefe te llama a su despacho para preguntarte por qué...

....

21. Marta es una excelente cocinera. Hoy se está esmerando mucho en la cocina porque tiene invitados a cenar. Ellos le preguntan qué va cocinar hoy...

....

22. Las paredes de la casa tienen desconchones y están muy deterioradas. Pepa necesita al menos un voluntario entre sus 3 hijos que la ayude a pintar, así que les pregunta quién va a ser...

....

23. En la hora de gimnasia de mantenimiento María empujó a una compañera sin querer y tuvieron que llevarla al hospital. Cuando llegas tú quieres saber a quién...

....

24. Elvira se entera de que su hermana Juani está embarazada. Elvira tiene que irse de la ciudad para trabajar en otro sitio. Le gustaría mucho estar aquí para ver al bebé cuando nazca y le pregunta a su hermana cuando...

....

25. Tú necesitas que te cambien un enchufe. En tu edificio hay un encargado de la electricidad. Te han dicho que debes buscarlo en la primera planta pero cuando vas allí hay cinco personas y tienes que preguntar quién...

....

26. Felipe quiere escribir una reclamación para que le devuelvan parte del dinero de su declaración de la renta. El problema es que no sabe cómo hacerla y le pregunta a María...

....

27. Ayer la policía hizo un registró en la empresa de Celestino y detuvo a uno de los directivos. Tú quisieras saber a quién detuvieron...

....

28. Amelia recibió una llamada la semana pasada del Servicio de Salud para que se pase por las oficinas centrales pero ella no sabe dónde está así que pregunta...

....

29. La policía persigue a alguien por la calle por un presunto robo. Parece que es alguien del barrio que todos conocemos. Estefanía quiere enterarse de quién es y pregunta...

....

30. Julio se ha ido de vacaciones a Guatemala. Se lo está pasando muy bien pero a veces no entiende lo que significan algunas palabras y tiene que preguntar...

....

Hoja de Respuestas

PREGUNTA	CORRECTO	ACIERTO	ERROR
1	Qué		
2	Por qué		
3	Qué		
4	Dónde		
5	A quién		
6	Quién		
7	Cuándo		
8	Cuándo		
9	Dónde		
10	Quién		
11	A quién		
12	Dónde		
13	Por qué		
14	Cuándo		
15	Cuándo		
16	Por qué		
17	Por qué		
18	Dónde		
19	Quién		
20	Por qué		
21	Qué		
22	Quién		
23	A quién		
24	Cuándo		

PREGUNTA	CORRECTO	ACIERTO	ERROR
25	Quién		
26	Qué		
27	A quién		
28	Dónde		
29	A quién		
30	Qué		
	TOTAL	/30	/30

PARCIALES

QUÉ	QUIÉN	A QUIÉN	DÓNDE	CUÁNDO	POR QUÉ
/5	/5	/5	/5	/5	/5

14 Referencias

Afonso, O., Domínguez, A., Álvarez, C.J. & Morales, D. (2013). Sublexical and lexico-syntactic in gender access in Spanish. *Journal of Psycholinguistic Research, 43*(1), 13–25. doi: 10.1007/s10936-012-9236-0.

Alameda, J.R. y Cuetos, F. (1995). *Diccionario de las unidades Lingüísticas del Castellano: Volumen I: Orden Alfabético / Volumen II: Orden por Frecuencias.* Servicio de publicaciones de la Universidad de Oviedo.

Álvarez, C.J., Urrutia, M., Domínguez, A., y Sanchez-Casas, R. (2011) Processing inflectional and derivational morphology: Electrophysiological evidence from Spanish. *Neuroscience Letters, 490*, 6–10.

Amenta S. y Crepaldi D. (2012). Morphological processing as we know it: an analytical review of morphological effects in visual word identification. *Frontiers in Psychology, 3*, 232.10.3389/fpsyg.2012.00232.

Allen, M. y Badecker, W. (in press) Stem homograph inhibition and stem allomorphy: representing and processing inflected forms in a multi-level lexical system. *Journal of Memory and Language, 41*, 105–123.

Andrews, S. (1996). Lexical retrieval and selection processes: Effects of transposed-letter confusability. Journal of Memory and Language. 35(6), 775–800. doi:10.1006/jmla.1996.0040).

Baayen, R. H., T. Dijkstra, and R. Schreuder (1997). Singulars and plurals in Dutch: Evidence for a parallel dual route model. Journal of Memory and Language, 36: 94–117.

Baayen, R. H., Wurm, H. L., y Aycock, J. (2007). Lexical dynamics for low-frequency complex words. A regression study across tasks and modalities. *The Mental Lexicon 2* (3), 419–463.

Badecker, W. y Caramazza, A. (1991). Morphological composition in the lexical output system. *Cognitive Neuropsychology, 8*(5), 335–367.

Baldwin, D.A., Markman, E.M., Bill, B., Desjardins, R.N., Irwin, J.M., y Tidball, G. (1996). Infants' reliance on a social criterion for establishing word-object relations. *Child Development, 67*, 3135–3153. doi: 10.2307/1131771.

Balota, D.A., Yap, M.J., Cortese, M.J., Hutchison, K.A., Kessler, B., Loftis, B., Neely, J.H., Nelson, D.L., Simpson, G.B., & Treiman, R. (2007). The English Lexicon Project. *Behavior Research Methods, 39*, 445–459.

Barber, H., Dominguez, A. y de Vega, M. (2002). Human brain potentials indicate morphological decomposition in visual Word recognition. *Neuroscience Letters, 318*, 149–152.

Bates, E., Devescovi, A., Pizzamiglio, L., D'Amico, S., y Hernandez, A. (1995). Gender and lexical access in Italian. *Perception & Psychophysics, 57*, 847–862.

Bates, E., Burani, C., D'Amico, S., y Barça, L. (2001). Word reading and picture naming in Italian. *Memory and Cognition, 29*, 986–999.

Bentin, S., Mouchetant-Rostaing, Y., Giard, M. H., Echallier, J. F., y Pernier, J. (1999). ERP manifestations of processing printed words at different psycholinguistic levels: time course and scalp distribution. *Journal of Cognitive Neuroscience, 11*, 235e260.

Beyersmann, E., Duñabeitia, J.A., Carreiras, M., Coltheart, M., y Castles, A. (2013). Early morphological decomposition of suffixed words: Masked-priming evidence with transposed-letter nonword primes. *Applied Psycholinguistics, 34*(5), 869–892. doi:10.1017/S0142716412000057.

Bird, H., Lambon-Ralph, M. A., Patterson, K., y Hodges, J. R. (2000). Why is a verb like an inanimate object? Grammatical category and semantic category deficits. *Brain and Language, 72* (3), 246–309.

Bird, H., Lambon-Ralph, M.A., Seidenberg, M.S., McClelland, J.L., Patterson, K. (2003). Deficits in phonology and past-tense morphology: What's the connection? *Journal of Memory and Language 48*, 502–526.

Bloom, P. (2000). How children learn the meanings of words. Cambridge, MA. MIT Press.

Bloom, P. (2002). Mindreading, communication and the learning of names for things. *Mind & Language, 17*, 37–54.

Bornstein, M. H., Hahn, C. S., y Haynes, O. M. (2004). Specific and general language performance across early childhood: Stability and gender considerations. *First Language, 24*(3), 267–305.

Brysbaert, M., Barbón A., González-Nosti, M. y Cuetos, F. (2012) SUBTLEX-ESP: Spanish word frequencies based on film subtitles. *Psicológica, 33*(2), 133–143.

Brysbaert, M., Lange, M., y Van Wijnendaele, I. (2000). The effects of age-of acquisition and frequency-of-occurrence in visual word recognition: Further evidence from the Dutch language. *European Journal of Cognitive Psychology, 12*, 65–85.

Brysbaert, M., Van Wijnendaele, I., y Deyne, S.D. (2000). Age-of-acquisition effects in semantic processing tasks. *Acta Psychologica, 104*, 215–226.

Butterworth, B. (1983) Lexical representation. In B. Butterworth (ed.). Language production (Vol. 2, pp. 257–294). London: Academic Press.

Burani, C., Salmaso, D. y Caramazza, A. (1984) Morphological structure and lexical access. Visible Language, 4, 348–358.

Burani, C., Dovetto, F., Spuntarelli, A. y Thornton, A.M. (1999). Morpho-Lexical Access in naming: The semantic interpretablility of new root suffixed combinations. *Brain and Language, 68*(7), 333–339.

Burani C.y Thornton A. M. (2003). The interplay of root, suffix and whole-word frequency in processing derived words, in *Morphological Structure in Language Processing*. Baayen R. H., Schreuder R., Editores. Berlin: Mouton de Gruyter, 157–208.

Burani, C., Arduino, L.S., y Barca, L. (2007). Frequency, note age of acquisition affects Italian Word naming. *European Journal of Cognitive Psychology, 19*, 828–866.

Cacciari, C., & Padovani, R. (2002). The role of morphological transparency in assigning a gender to Italian words, poster presented at the *8th Annual Conference on Architectures and Mechanisms for Language Processing*. Tenerife, Spain: AMLaP.

Carroll, J.B., & White, M.N. (1973). Age-of-acquisition norms for 220 picturable nouns. *Journal of Verbal Learning and Verbal Behavior, 12*, 563–576.

Caramazza, A. y Berndt, R.S. (1985). A multicomponent deficit view of agrammatic Broca's aphasia. En M.-L. Kean (ed.), Agrammatism (pp. 27–63). Orlando, FL: Academic Press.

Caramazza, A., Laudanna, A. & Romani, C. (1988) Lexical access and inflectional morphology. *Cognition, 28*, 297–332.

Caramazza, A., Miceli, G., Silveri, M.C. y Laudanna (1985) Reading mechanisms and the organization of the lexicón: evidence from acquired dislexia. *Cognitive neuropsychology, 2*, 81–114.

Chen, X., Sachdev, P. S., Wen, W., & Anstey, K. J. (2007). Sex differences in regional gray matter in healthy individuals aged 44–48 years: A voxel-based morphometric study. *Neuroimage, 36*(3), 691–699.

Chialant, D., y Caramazza, A. (1995). Where is morphology and how is it processed? The case of written word recognition. In L.B. Feldman (Ed.),

Morphological aspects of language processing. (pp. 55–76). Hillsdale, NJ: Lawrence Erlbaum Associates.

Chomsky, N. (1957). Syntactic structures. The Hague: Mouton & Co.

Choudhary, K. K., Schlesewsky, M., Roehm, D., & Bornkessel-Schlesewsky, I. (2009). The N400 as a correlate of interpretivelyrelevant linguistic rules: evidence from Hindi. *Neuropsychologia, 47,* 3012–3022.

Clahsen, H. (1999). Lexical entries and rules of language: A multidisciplinary study of German inflection. *Behavioral and Brain Sciences, 22,* 991–1060.

Cortese, M.J., y Khanna, M.M. (2007). Age of acquisition predicts naming and lexical-decision performance above and beyond 22 other predictor variables: An analysis of 2, 342 words. *Quarterly Journal of Experimental Psychology, 60,* 1072–1082.

Crepaldi, D., Berlingeri, M., Paulesu, E., y Luzzatti, C. (2011). A place for nouns and a place for verbs? A critical review of neurocognitive data on grammatical class effects. *Brain and Language, 116,* 33–49.

Cuetos, F. (2003). Anomia, la dificultad para recordar las palabras. Tea Ediciones. Madrid.

Cuetos, F. & Alija, M. (2003). Normative data and naming times for action pictures. *Behavior Research Methods, Instruments and Computers, 35,* 168–177.

Cuetos, F., Ellis, A.W., y Alvarez, B. (1999). Naming times for the Snodgrass and Vanderwart pictures in Spanish. *Behavior Research Methods, Instruments and Computers, 31,* 650–658.

Cuetos, F., y Barbón, A. (2006). Word naming in Spanish. *European Journal of Cognitive Psychology, 18,* 415–436. doi:10.1080/13594320500165896.

Cuetos, F., Dominguez, A., Baauw, S., y Berthier-Torres, M.L. (2007). Disociación entre pacientes agramáticos y anómicos en la producción de formas verbales. *Revista de Neurología, 44,* 203–8

Cuetos, F., Alvarez, B., González-Nosti. M., Meot, A., y Bonin, P.(2006). Determinants of lexical access in speech production: Role of word frequency and age of acquisition. *Memory and Cognition, 34,* 999–1010.

Cuetos, F., Barbón, A. Urrutia, M., y Domínguez, A. (2009) Determining the time course of lexical frequency and age of acquisition using ERP. *Clinical Neurophysiology, 120,* 285–294.

Damasio, A. y Tranel, D. (1993). Nouns and verbs are retrieved with differently distributed neural systems. Neurobiology, 90 (11), 4957–4960.

Daniele, A., Giustolisi, L., Silveri, M. C., Colosimo, C. y Gainotti, G. (1994). Evidence for a possible neuroanatomical basis for lexical processing of nouns and verbs. *Neuropsychologia, 32* (11), 1325–1341.

Davies, R., Barbón, A y Cuetos, F. (2013) Lexical and semantic age of acquisition effects on word naming in Spanish. Memory & Cognition, 41(2), 297–311.

Davies, S.K., Izura, C., Socas, R., y Dominguez, A., (2016) Age of Acquisition and Imageability norms for base and morphologically complex words in English and in Spanish. *Behavior Research Methods, 48*(1), 349–65. doi: 10.3758/s13428-015-0579-y.

Desrochers, A., Paivio, A., y Desrochers, S. (1989). L'effet de la fréquence d'usage des noms inanimés et de la valeur prédictive de leur terminasion sur l'identification du genre gramatical. *Revue Canadienne de Psychologie, 43*, 62–73.

De Vega, M., Urrutia, M., y Domínguez, A. (2010).Tracking lexical and syntactic processes of verb morphology with ERP. *Journal of Neurolinguistics, 23*, 400–415.

Dell' Acqua, R., Lotto, L., y Job, R. (2000). Naming times and standardized norms for the Italian PD/DPSS set of 266 pictures: Direct comparisons with American, English, French, and Spanish published databases. *Behavior Research Methods, Instruments and Computers, 32*, 588–615.

Devlin, J.T., Jamison, H.L., Matthews, P.M. y Gonnerman, L.M. (2004) Morphology and the internal structure of words. *Proceedings of the National Academy of Sciences, 101*, 14984–14988.

Diependaele, K., Sandra, D. y Grainger J. (2005) Masked cross-modal morphological priming: Unraveling morpho- orthographic and morpho-semantic influences in early word recognition. *Language & Cognitive Processes, 20*, 75–114. doi:10.1080/01690960444000197.

Diependale, K., Sandra, D. y Grainger, J. (2009) Semantic transparency and mascked morphological priming: the case of prefixed words. *Memory & Cognition, 37* (6), 895–908.

Diependaele, K., Duñabeitia, J. A., Morris, J. & Keuleers, E. (2011). Fast morphological effects in first and second language acquisition. *Journal of Memory and Language, 64*(4), 344–358.

Domínguez, A., Cuetos, F. y Segui, J. (1999). The processing of grammatical gender and number in Spanish. *Journal of Psycholinguistic Research, 28, (5)*, 485–497.

Domínguez, A., Cuetos, F., y Seguí, J. (2000). Morphological processing in word recognition: A review with particular reference to Spanish data. Psicológica, 21, 375–401.

Dominguez, A., de Vega y Barber, H. (2004). Event related potentials elicited by morphological, homographic and semantic priming. *Journal of Cognitive Neuroscience, 16* (4), 596–608.

Domínguez, A., Alija, M., Cuetos, F., y De Vega, M. (2006). Event related potentials reveal differences between morphological (prefixes) and phonological (syllables) processing of words. *Neuroscience Letters, 408*, 210–215.

Dominguez, A., Alija, M., Rodriguez-Ferreiro., & J., Cuetos, F. (2010) The contribution of prefixes to morphological processing of Spanish words. *European Journal of Cognitive Psychology 22* (4), 569–595.

Domínguez A., y Cuetos F. (2011). Morfología. En F. Cuetos (Ed.) *Neurociencia del lenguaje. Bases neurológicas e implicaciones clínicas.* Editorial Médica Paramericana. Madrid.

Dominguez, A., Socas, R., Marrero, H., León, Llabrés, J. Y Enriquez, E. (2014) Transcranial direct current stimulation improves Word production in aphasia: electroencephalographic and behavioral evidences. *International Journal of Clinical and Health Psychology, 14* (3) 240–245.

Dominguez, A., Izura, C. y Medina, A. (2018). Developmental and gender differences in the production of the past tense in Spanish children. *The Spanish Journal of Psychology.*

Duffau, H. (2017) The error of Broca: From the traditional localizationist concept to a connectomal anatomy of human brain. Journal of chemical neuroanatomy. doi: 10.1016/j.jchemneu.2017.04.003.

Duñabeitia, J.A., Kinoshita, S., Carreiras, M., y Norris, D. (2011). Is morpho-orthographic decomposition purely orthographic? Evidence from masked primingin the same– different task. *Language & Cognitive Processes 26*, 509–529.

Drews, E. y Zwitserlood, P. (1995) Morphological and orthographic similarity in visual Word recognition. *Journal of Experimental Psychology: Human Perception and Performance, 21* (5), 1098–116.

El Yagoubi, R. Chiarelli, V., Mondini, S., Perrone, G., Danieli, M. y Semenza. C (2008). Neural correlates of italian compounds and potential impact of headedness effect. An ERP study. *Cognitive neuropsychology* 25 (4), 559–581.

Ellis, A. W., & Young, A. W. (1986). *Human cognitive neuropsychology*. Hove, UK: Lawrence Erlbaum Associates Ltd.

Ellis, A.W.y Lambon-Ralph, M.A. (2000). Age of acquisition effects in adult lexical processing reflect loss of plasticity in maturing systems: Insights from connectionist networks. *Journal of Experimental Psychology: Learning, Memory, and Cognition, 26*, 1103–1123.

Feldman, L., B. y Moskovljevic, J. (1987) Repetition Priming Is Not Purely Episodic In Origin. *Journal of Experimental Psychology: Learning, Memory, and Cognition, 13*(4), 573–581.

Feldman, L.B, O'Connor, P.A., del Prado-Martín, F.M. (2009). Early morphological processing is morphosemantic and not simply morpho-orthographic: A violation of form-then-meaning accounts of word recognition. *Psychonomic bulletin & review*, 16(4), 684–691. doi:10.3758/ PBR.16.4.684.

Feldman, L.B. y Soltaño, E.G. (1999). Morphological priming: The role of prime duration, semantic transparency, and affix position. *Brain & Language*, 68, 33–39. doi:10.1006/brln.1999.2077.

Feldman, L.B., Soltano, E.G., Pastizzo, M.J. y Francis, S.E. (2004). What do graded effects of semantic transparency reveal about morphological processing? *Brain & Language, 90*, 17–30. doi:10.1016/ S0093-934X(03)00416-4.

Ford, A.A., Triplett, W., Sudhyadhom, A., Gullett, J., McGregor, K., Fitzgerald, D.B., Mareci, T., White, K., y Crosson, B. (2013) Broca's area and its striatal and thalamic connections: A diffusion-MRI tractography study in Frontiers in Neuroanatomy, 7, 8. doi.:10.3389/fnana.2013.00008.

Friederici, A. D., Hahne, A., & Mecklinger, A. (1996). Temporal structure of syntactic parsing: early and late event-related brain potential effects. *Journal of Experimental Psychology: Learning, Memory and Cognition*, 22, 1219–1248.

Friedman, N. (1994). Morphology in agrammatism: A dissociation between tense and agreement. Tesis de Master. Universidad de Tel Aviv.

Friedmann, N. (1998). *Functional categories in agrammatic production: A cross-linguistic study.* Tesis Doctoral no publicada. Universidad de Tel Aviv.

Friedmann, N. (2000) Moving verbs in grammatic production. In R. Bastiansen & Y. Grodzinsky (Eds.), Grammatical disorders in aphasia: A neurolinguistic perspective (pp. 152–170). London. Whurr.

Friedmann, N. (2001). Agrammatism and the psychological reality of the syntactic tree. *Journal of Psycholinguistic Research, 30* (1), 71–90.

Friedmann, N. (2002) Question Production in Agrammatism: The Tree Pruning Hypothesis, *Brain and Language, Volume* (2), 160–187, doi.: 10.1006/brln.2001.2587.

Friedmann, N. y Grodzinsky, Y. (1997): Tense and agreement in agrammatic production: Pruning the syntactic tree. *Brain and Language 56*: 397–425.

Friedmann, N. and Grodzinsky, Y. (2000): Split inflection in neurolinguistics. En M.A. Friedemann y L. Rizzi (eds.): *The Acquisition of Syntax: Studies in Comparative Developmental Linguistics*, Longman, 84–104.

Frost, R., Deutsch, A., y Forster, K. (2000). Decomposing morphologically complex words in a nonlinear morphology. Journal of Experimental Psychology: Learning, Memory, & Cognition, 26, 751–765.

Gavarró, A. y Martínez-Ferreiro, S. (2007). Tense and Agreement Impairment in Ibero–Romance. *Journal of Psycholinguistic Research, 36* (1), 25–46.

Gainotti, G., Silveri, M. C., Daniel, A. y Giustolisi, L. (1995). Neuroanatomical correlates of category-specific semantic disorders: A critical survey. *Memory, 3* (3–4), 247–263.

Gilhooly, K.J., y Gilhooly, M.L. (1979). Age-of-acquisition effects in lexical and episodic memory tasks. *Memory and Cognition, 7,* 214–223.

Ghyselinck, M., Lewis, M. B., y Brysbaert, M. (2004). Age of acquisition and the cumulative-frequency hypothesis: A review of the literature and a new multi-task investigation. *Acta Psychologica, 115,* 43–67. doi: 10.1016/j.actpsy.2003.11.002.

Good, C. D., Johnsrude, I., Ashburner, J., Henson, R. N., Friston, K. J., y Frackowiak, R. S. (2001). Cerebral asymmetry and the effects of sex and handedness on brain structure: A voxel-based morphometric analysis of 465 normal adult human brains. *Neuroimage, 14,* 685–700.

Gollan, T. H., y Frost, R. (2002). Two routes to grammatical gender: Evidence from Hebrew. *Journal of Psycolinguistic Research, 30,* 627–651.

172

Grainger, J., Kiyonaga, K., y Holcomb, P. J. (2006). The time course of orthographic and phonological code activation. *Psychological Science, 17*(12), 1021–1026.

Grainger, J. & Segui, J. (1990) Neighborhood frequency effects in visual word recognition: A comparison of lexical decision and masked identification latencies. Perception & Psychophysics, 47(2), 191–198. https://doi.org/10.3758/BF03205983.

Grainger, J., Colé, P., y Segui, J. (1991) Masked priming in visual word recognition. *Journal of Memory and Language, 30*, 370–384.

Halpern, DF. (2000) *Sex differences in cognitive abilities. 3*. Hillsdale, NJ: Lawrence Erlbaum Associates.

Harm, M.W. y Seidenberg, M.S. (1999). Phonology, reading and dyslexia: Insights from connectionist models. Psychological Review, 106, 491–528.

Hartshorne, J. K., y Ullman, M. T. (2006). Why girls say "holded" more than boys. *Developmental Science, 9*(1), 2132.

Harm, M.W., y Seidenberg, M. S. (2004). Computing the meanings of words in reading: Cooperative division of labor between visual and phonological processes. *Psychological Review, 111*, 662–720.

Hebb, D.O. (1949) The organization of behavior: a neuropsychological theory. Wiley, New York [Reimpreso en 2002 por Lawrence Erlbaum Associates, Mahwah, New Jersey].

Henderson, L., Wallis, J., y Knight, D. (1984) Morphemic structure and lexical access. In H. Bouma & D.G. Bowhuis (Eds.), *Attention and performance X* (pp. 211–226). London: Erlbaum.

Hernandez, A. E., Kotz, S. A., Hofmann, J., Valentin, V. V., Dapretto, M., y Bookheimer, S. Y. (2004). The neural correlates of grammatical gender decision in Spanish. *Neuroreport, 15*, 863–866.

Holcomb, P. J., y Grainger, J. (2006). On the time course of visual word recognition: an event-related potential investigation using masked repetition priming. Journal of Cognitive Neuroscience, 18(10), 1631–1643.

Holcomb, P. J., Grainger, J., y O'Rourke, T. (2002). An electrophysiological study of the effects of orthographic neighborhood size on printed word perception. *Journal of Cognitive Neuroscience, 14*, 938–950.

Holmes, V. M., y Segui, J. (2004). Sublexical and lexical influences on gender assignment in French. J*ournal of Psycholinguistic Research, 33*, 425–457.

Hernández-Jaramillo, B.J. (2015). *Procesos morfológicos y morfosintácti-cos en pacientes agramáticos.* Tesis Doctoral no publicada. Universidad de La Laguna. Tenerife.

Howes D. (1957) On the relation between the intelligibility and frequency of occurrence of English words. *Journal of the Acoustical Society of America, 29*:296.

Hyde, J. S., y Linn, M. C. (1988). Gender differences in verbal ability: A meta-analysis. Psychological Bulletin, 104(1), 53–69.

Jaeger, J.J., Lockwood, A.H., Kemmerer, D.L., van Valin, R.D., Brian, Jr., Murphy, W. y Khalak, H.G. (1996). A Positron Emission Tomographic Study of Regular and Irregular Verb Morphology in English. *Language, 72* (3), 451–497.

Janssen, U., Wiese, R., y Schlesewsky, M. (2006). Electrophysiological responses to violations of morphosyntactic and prosodic features in derived German nouns. *Journal of Neurolinguistics, 19,* 466–482.

Jarema, G., y Kehayia, E. (1992). Impairment of inflectional morphology and lexical storage. *Brain and Language, 43,* 541–64.

Jung, I.-Y., Lim, J. Y., Kang, E. K., Sohn, H. M., y Paik, N.J. (2011). The factors associated with good responses to speech therapy combined with transcranial direct current stimulation in post-stroke aphasic patients. *Annals of Rehabilitation Medicine, 35* (4), 460–469. http://doi.org/10. 5535/arm.2011.35.4.460.

Justus, T., Larsen, J., Yang, J., de Mornay Davies, P., Dronkers, N. y Swick, D. (2011). The role of Broca's area in regular past-tense morphology: An event-related potential study. Neuropsychologia, 49(1), 1–18. doi:10.1016/j.neuropsychologia.2010.10.027.

Kang E. K., Kim Y. K., Sohn H. M., Cohen L. G., Paik N. J. (2011). Improved picture naming in aphasia patients treated with cathodal tDCS to inhibit the right Broca's homologue area. *Restorative Neurology Neuroscience 29,* 141–152 10.3233/RNN-2011-0587.

Kazanina, N., Dukova-Zheleva, G., Geber, D., Kharlamov, V. Y Tonciu-lescu, K. (2008) Decomposition into multiple morphemes during lexical access: A masked priming study of Russian nouns. *Language & Cognitive Processes*, 23, 800–823. doi:10.1080/01690960701799635.

Kemmerer, D. & Eggleston, A. (2010). Nouns and verbs in the brain: Implications of linguistic typology for cognitive neuroscience. *Lingua, 120* (12), 2686–2690.

Kemmerer, D., Rudrauf, D., Manzel, K. y Tranel, D. (2012). Behavioral patterns and lesion sites associated with impaired processing of lexical and conceptual knowledge of actions. *Cortex, 48(7)*, 826–848.

Kidd, E., y Lum, J. A. (2008). Sex differences in past tense overregularization. *Developmental science, 11*(6), 882–889.

Kim, M., y Thompson, C.K. (2000). Patterns of comprehension and production of nouns and verbs in agrammatism: implications for lexical organization. *Brain and Language, 74*, 1–25. doi: 10.1006/brln.2000.2315.

Kimura, D. (1999). *Sex and cognition.* Cambridge, MA: MIT Press.

Kolb, B., y Whishaw, I. Q. (2001). *An introduction to brain and behavior.* New York: Worth publishers.

Kramer, J. H., Kaplan, E., Delis, D. C., O'Donnell, L., y Prifitera, A. (1997). Developmental sex differences in verbal learning. *Neuropsychology, 11*(4), 577–584.

Krott, A., Baayen, H. R., y Hagoort, P. (2006). The nature of anterior negativities caused by misapplications of morphological rules. *Journal of Cognitive Neuroscience, 18*(10), 1616e1630.

Kruggel, F. (2006). MRI-based volumetry of head compartments: normative values of healthy adults. *Neuroimage, 30*(1), 1–11.

Kuperman, V., Stadthagen-Gonzalez, H., y Brysbaert, M. (2012). Age-of-acquisition ratings for 30,000 English words. *Behavior Research Methods, 44*, 978–990.

Kutas, M., y Hillyard, S. A. (1983). Event-related brain potentials to grammatical errors and semantic anomalies. *Memory and Cognition, 11*, 539–550.

Laudanna, A., Badecker, W. y Caramazza, A. (1989) Priming homographic stems. *Journal of Memory and Language, 28*, 531–546.

Lavric, A., Clapp, A.y Rastle, K. (2007) ERP evidence of morphological analysis from orthography: A masked priming study. *Journal of Cognitive Neuroscience. 19*, 866–877.

Lee S. Y., Cheon H. J., Yoon K. J., Chang W. H. y Kim Y. H. (2013). Effects of dual transcranial direct current stimulation for aphasia in chronic stroke patients. Ann. Rehabil. Med. 37, 603–610. 10.5535/arm.2013.37.5.603.

Lemaître, H., Crivello, F., Grassiot, B., Alpérovitch, A., Tzourio, C., y Mazoyer, B. (2005). Age-and sex-related effects on the neuroanatomy of healthy elderly. *Neuroimage, 26*(3), 900–911.

Longtin, C.M., Segui, J., Halle, P.A. (2003). Morphological priming without morphological relationship. *Language & Cognitive Processes, 18*, 313–334. doi:10.1080/01690960244000036.

Lonzi, L., & Luzzatti, C. (1993). Relevance of adverb distribution for the analysis of sentence representation in agrammatic patients. *Brain and Language, 45*, 306–317.

Manelis, L. & Tharp, D.A. (1977) The processing of affixed words. Memory & Cognition 5: 690. doi.:10.3758/BF03197417.

Luce, P.A. y Pisoni, D.B. (1998) Recognizing Spoken Words: The Neighborhood Activation Model. *Ear and Hearing, 19*(1), 1–36.

Maslen, R. J., Theakston, A. L., Lieven, E. V., & Tomasello, M. (2004). A dense corpus study of past tense and plural overregularization in English. Journal of Speech, Language, and Hearing Research, 47, 1319–1333.

Marcus, G. F., Pinker, S., Ullman, M., Hollander, M., Rosen, T. J., Xu, F., & Clahsen, H. (1992). Overregularization in language acquisition. *Monographs of the society for research in child development, 57*, Seria No. 228.

Marslen-Wilson WD, Hare M, Older L (1993) Inflectional morphology and phonological regularity in the English mental lexicon. *Proceedings of the 15ᵗʰ Annual Meeting of the Cognitive Science Society*, Princeton, N.J.: Erlbaum.

Marslen-Wilson, W.D. y Tyler, L.K. (1997), Dissociating types of mental computation. *Nature, 387, 592–4.*

Marslen-Wilson W, Tyler LK (1998), Rules, representations, and the English past tense. *Trends in Cognitive Science 2*(11), 428–35.

Marslen-Wilson, W.D., Bozic, M. y Randall, B. (2008) Early decomposition in visual word form recognition: Dissociating morphology, form, and meaning. *Language and Cognitive Processes, 23, 394–421.*

Martin, P.I., Naeser, M.A., Ho, M., Treglia, E., Kaplan, E., Baker, E.H., y Pascual-Leone, A. (2009) Research with transcranial magnetic stimulation in the treatment of aphasia. Current Neurology and Neuroscience Reports, 9(6), 451–8.

Martin, P.I., Naeser, M.A., Doron, K.W., Bogdan, A., Baker, E.H., Kurland, J., Renshaw, P. y Yurgelun-Todd, D.(2005) Overt naming in aphasia studied with a functional MRI hemodynamic delay design. Neuroimage. 2005; 28:194–204.

Martín-Loeches, M., Nigbur, R., Casado, P., Hohlfeld, A., & Sommer, W. (2006). Semantics prevalence over syntax during sentence processing: a brain potential study of nouneadjective agreement. *Brain Research, 1093*, 178–189.

Martínez-Ferreiro, S., de Aguiar, V., Rofes, A. (2015) Non-fluent aphasia in Ibero-Romance: a review of morphosyntactic deficits S Martinez-. Aphasiology 29 (1), 101–126.

Martínez Martín, J. A. y García Pérez, E. (2004). *Diccionario de frecuencias del castellano escrito en niños de 6 a 12 años.* Salamanca: Servicio de Publicaciones. Universidad Pontificia de Salamanca.

McClelland, J. L. & Rumelhart, D. E. (1981). An interactive-activation model of context effects in letter perception: I. An account of basic findings. *Psychological Review, 88*, 375–407.

McKinnon, R., Allen, M., & Osterhout, L. (2003). Morphological decomposition involving non-productive morphemes: ERP Evidence. *NeuroReport, 14*, 883–886.

McCormick, S.F., Rastle, K. Y Davis, M.H. (2008) Is there a 'fete' in 'fetish'? Effects of orthographic opacity on morpho-orthographic segmentation in visual word recognition. *Journal of Memory & Language, 58*, 307–326. doi:10.1016/j.jml.2007.05.006.

Miceli, G., Turriziani, P., Caltagirone, C., Capasso, R., Tomaiuolo, F., & Caramazza, A. (2002). The neural correlates of grammatical gender: An fMRI investigation. *Journal of Cognitive Neuroscience, 14*, 618–628.

Mendoza, E., Fresneda, M. D., Muñoz, J., Carballo, G., & Cruz, A. (2001). Morfología verbal: Estudio de las irregularizaciones de pseudoverbos en niños españoles. [Verb morphology: study of pseudoverbs irregularizations in Spanish children]. *Psicológica, 22*, 165–190.

Menenti, L., y Burani, C. (2007). What causes the effect of age of acquisition in lexical processing? *Quarterly Journal of Experimental Psychology, 60*, 652–660.

Mestres-Missé A., Rodriguez-Fornells A., y Münte T. F. (2007). Watching the brain during meaning acquisition. *Cerebral Cortex, 8*, 1858–1866. eScholarID:191741.

Meunier, F., y Longtin, M. (2007). Morphological decomposition and semantic integration in word processing. *Journal of Memory and Language, 56*, 457–471.

Miceli, G., y Caramazza, A. (1988). Dissociation of inflectional and derivational morphology. *Brain and Language, 35*(1), 24–65.

Mildner, V. (2008). *The cognitive neuroscience of human communication.* New York: Lawrence Erlbaum Associates.

Miozzo, M. (2003). On the processing of regular and irregular forms of verbs and nouns: evidence from neuropsychology. *Cognition, 87*, 101–127.

Monaghan, J. y Ellis, A.W. (2002). Age of acquisition and the completeness of phonological representations. *Reading and Writing, 15*, 759–788.

Monaghan, P., y Ellis, A.W. (2010). Modeling reading development: Cumulative, incremental learning in a computational model of word naming. *Journal of Memory and Language, 63*, 506–525.

Morris, J., Frank, T., Grainger, J. y Holcomb, P.J. (2007). Semantic transparency and masked morphological priming: An ERP investigation. *Psychophysiology, 44*, 506–521. doi:10.1111/j. 1469-8986.2007.00538.x.

Morton, J. (1969). Interaction of information in word recognition. *Psychological Review, 76*, 165–178.

Münte TF, Say T, Clahsen H, Schiltz K, Kutas M. Decomposition of morphologically complex words in English: Evidence from event-related brain potentials. *Cognitive Brain Research, 7*, 241–253.

Naeser MA, Martin PI, Nicholas M, Baker EH, Seekins H, Kobayashi M, Theoret H, Fregni F, Maria-Tormos J, Kurland J, Doron KW y Pascual-Leone A. (2005) Improved picture naming in chronic aphasia after TMS to part of right broca's área an open-protocol study. *Brain and Language, 93*(1), 95–105.

Naeser M. A., Martin P. I., Ho M., Treglia E., Kaplan E., Bashir S. y Pascual-Leone. (2012). Transcranial magnetic stimulation and aphasia rehabilitation. *Archives of Physical Medicine and Rehabilitation, 93*(1), S26–S34. 10.1016/j.apmr.2011.04.026.

Napps, S. E. (1989). Morphemic relationships in the lexicon: Are they distinct from semantic and formal relationships? *Memory & Cognition, 17*, 779–739.

Oldfield, R.C., y Wingfield, A. (1965). Response latencies in naming objects. *Quarterly Journal of Experimental Psychology, 17*, 273–281.

Oliveri, M., Finocchiaro, C., Shapiro, K., Gangitano, M., Caramazza, A. y Pascual-Leone, A. (2004). All talk and no-action: A transcranial magnetic stimulation study ofmot or cortex activation during action word production. *Journal of Cognitive Neuroscience, 16* (3), 374–381.

Orsolini M, Marslen-Wilson WD (1997), Universals in morphological representation: Evidence from Italian. *Language & Cognitive Processes 12*: 1–47.

Osterhout, L., y Mobley, L. A. (1995). Event-related brain potentials elicited by failure to agree. *Journal of Memory and Language, 34*, 739–773.

Padovani, R. (2002). Grammatical gender and morphological transparency in Italian words, poster presented at theoretical and experimental linguistics, *Euroconference on: The syntax of Normal and Impaired Language.* Greece: Corinth.

Padovani, R., y Cacciari, C. (2003). The role of morphological transparency in Italian words recognition. *Giornale Italiano de Psicologia, 4*, 749–771.

Pakkenberg, B., y Gundersen, H. J. G. (1997). Neocortical neuron number in humans: effect of sex and age. *Journal of Comparative neurology, 384*(2), 312–320.

Patterson, K., Lambon Ralph, M.A., Hodges, J.R., McClelland, J.L. (2001). Deficits in irregular past-tense verb morphology associated with degraded semantic knowledge. *Neuropsychologia 39*(7), 709–24.

Penke, M., Weyerts, H., Gross, M., Zander, E., MÜnte, T., y Clahsen, H. (1997). How the brain processes complex words: An event-related potential study of German verb inflections. *Cognitive Brain Research, 6*, 37–52.

Pérez, M.A. (2007). Age-of-Acquisition persists as the main factor in picture naming when cumulative word-frequency and frequency trajectory are controlled. *The Quarterly Journal of Experimental Psychology, 60*, 32–42.

Pérez, M.A., Marín, J., Navalón, C., y Campoy, G. (2002). Métodos de obtención de la Edad de Adquisición (EdA): estudio comparativo. Póster presentado en el *IV Congreso de la Sociedad Española de Psicología Experimental (SEPEX)*, Oviedo, España.

Pinker, S. (2007). *The stuff of thought*. London: Allen Lane.

Plunkett, K., y Marchman, V. (1991). U-Shaped Learning and Frequency Effects in a Multi-Layered Perceptron. Implications For Child Language Acquisition. *Cognition, 38*(1), 43–102.

Pollock, J.Y. (1989). Verb Movement, Universal Grammar and the Structure of IP. *Linguistic Inquiry 20*, 365–424.

Pollock, J.Y. (1994). Checking theory and bare verbs. In *Paths towards universal grammar: Studies in honor of rickard S. kayne*, ed. Guglielmo Cinque, Jan Koster, Jean-Yves Pollock, Luigi Rizzi, and Raffaella Zanuttini, 293–310. Washington, D.C.: Georgetown University Press.

Pulvermüller F., Lutzenberger W.y Preissl, H. (1999) Nouns and verbs in the intact brain: evidence from event-related potentials and high-frequency cortical responses. *Cerebral Cortex, 9*(5), 497–506.

Pulvermuller, F., Neininger, B, Elbert, T., Mohr, B., Rochstroh, B., Koebbel, P. y Taub, E. (2001). Constraint-Induced Therapy of Chronic Aphasia After Stroke. *Stroke. 31*, 1621–1626.

Rapp, B. y Caramazza, A. (2002). Selective difficulties with spoken nouns and written verbs: A single case study. *Journal of Neurolinguistics, 15* (3–5), 373–402.

Rastle, K. y Davis, M.H. (2003). Reading morphologically complex words: Some thoughts from masked priming. En: Kinoshita, S.; Lupker, SJ., editores. *Masked priming: The state of the art*. New York: Psychology Press; pp. 279–305.

Rastle, K., Davis, M.H., Marslen-Wilson, W.D. y Tyler, L.K. (2000). Morphological and semantic effects in visual word recognition: A time-course study. *Language & Cognitive Processes, 15*, 507–537. doi: 10.1080/01690960050119689.

Rastle, K., Davis, M.H. y New, B. (2004)The broth in my brother's brothel: Morpho-orthographic segmentation in visual word recognition' *Psychonomic Bulletin and Review, 11*, (6), 1090–1098. Doi: 10.3758/BF03196742.

Rueckl, J. G., Mikolinski, M., Raveh, M., Miner, C. S., y Mars, F. (1997). Morphological priming, fragment completion, and connectionist networks. *Journal of Memory and Language, 36*, 382–405.

Rodríguez-Fornells, A., Clahsen, H., Lleó, C., Zaake, W., y Munte, T. (2001). Event-related brain responses to morphological violations in Catalan. *Cognitive Brain Research, 11,* 47–58.

Rodríguez-Fornells A, Münte TF, Clahsen H. (2002) Morphological priming in Spanish verb forms: An ERP repetition priming study. *Journal of Cognitive Neuroscience, 14,* 443–454.

Rogers, T.T., y McClelland, J.L. (2008). Precis of semantic cognition and parallel distributed processing approach. *Behavioral and Brain Sciences, 31,* 689–749.

Rugg, M. D. (1987). Dissociation of semantic priming, word and nonword repetition effects by event-related potentials. *Quarterly Journal of Experimental Psychology, 39,* 123–147.

Sebastián-Gallés, N., Martí, M.A., Carreiras, M. y Cuetos, F. (2000) *Lexesp: Léxico informatizado del Español.* Barcelona: Edicions Universitat de Barcelona.

Seidenberg, M.S. y McClelland, J. L. (1989) A distributed, developmental model of word recognition and naming. *Psychological Review, 96,* 523–568.

Sereno, J. & Jongman, A. (1997) Processing of English inflectional morphology. *Memory and Cognition, 25,* (4), 425–437.

Socas, R. (2015). *Procesamiento de palabras morfológicamente complejas: influencia de la edad de adquisición.* Tesis Doctoral. Universidad de La Laguna. Tenerife. España.

Shapiro, K. y Caramazza, A. (2003). Looming a loom: evidence for independent access to grammatical and phonological properties in verb retrieval. *Journal of Neurolinguistics 16* (2–3), 85–111.

Shapiro, K., Pascual-Leone, A., Mottaghy, F., Gangitano, M. & Caramazza, A. (2001). Grammatical distinctions in the left frontal cortex. *Journal of Cognitive Neuroscience, 13* (6), 713–720.

Shaywitz, B. A., Shaywltz, S. E., Pugh, K. R., Constable, R. T., Skudlarski, P., Fulbright, R. K., Bronen, R.A., Fletcher, J.M., Shankweller, D.P. y Katz, L. (1995). Sex differences in the functional organization of the brain for language. *Nature 373*(6515), 607–609.

Schreuder, R., y Baayen, R. H. (1995). Modeling morphological processing. In Feldman, L. B. (Ed.) *Morphological Aspects of Language Processing,* Lawrence Erlbaum, Hillsdale, New Jersey, 131–154.

Stanners, R. F., Neiser, J. J., Hernon, W. P., &: Hall, R. (1979). Memory representation for morphologically related words. *Journal of Verbal Learning and Verbal Behavior, 18,* 399–412.

Schvaneveldt, R.W. y Meyer, D.E. (1973). Retrieval and comparison processes in semantic memory, en Kornblum, S., Attention and performance IV, New York: Academic Press, pp. 395–409.

Taft, M. (1979) Recognition of affixed words and the word frequency effect. *Memory & Cognition, 7,* 263–272.

Taft, M. (1994) Interactive activation as a framework for understanding morphological processing. *Language and Cognitive Processes, 9,* 271–294.

Taft, M. (2004). Morphological decomposition and the reverse base frequency effect. *Quarterly Journal of Experimental Psychology, 57,* 745–765.

Taft, M., y Forster, K. I. (1975). Lexical storage and retrieval of prefixed words. *Journal of Verbal Learning and Verbal Behavior, 14*(6), 638–647. DOI: 10.1016/S0022-5371(75)80051-X.

Taft, M., y Meunier, F. (1998). Lexical representation of gender: A quasiregular domain. *Journal of Psycholinguistic Research, 27,* 23–45.

Tomasello, M., y Akhtar, N. (1995). Two-year-olds use pragmatic cues to differentiate reference to objects and actions. *Cognitive Development 10,* 201–224.

Tucker, G. R., Lambert, W. E., Rigault, A. A., & Segalowitz, N. (1968). A psychological investigation of French speaker's skill with grammatical gender. *Journal of Verbal Learning and Verbal Behavior, 7,* 312–316.

Tombaugh, T. N., Kozak, J., y Rees, L. (1999). Normative data stratified by age and education for two measures of verbal fluency: FAS and animal naming. *Archives of Clinical Neuropsychology, 14*(2), 167–177.

Ullman, M. T., Corkin, S., Coppola, M., Hickok, G., Growdon, J. H., Koroshetz, W. J., and Pinker, S. (1997). A Neural Dissociation within Language: Evidence that the mental dictionary is part of declarative memory, and that grammatical rules are processed by the procedural system. *Journal of Cognitive Neuroscience, 9*(2), 266–276.

Ullman, M. T., Pancheva, R., Love, T., Yee, E., Swinney, D., & Hickok, G. (2005). Neural correlates of lexicon and grammar: Evidence from the production, reading, and judgment of inflection in aphasia. *Brain and Language, 93*(2), 185–238.

Vigliocco, G., Vinson, D., Druks, J., Barber, H. y Cappa, S. (2011). Nouns and verbs in the brain: A review of behavioral, electrophysiological, neuropsychological and imaging studies. *Neuroscience and Biobehavioral Reviews, 35* (3), 407–426.

Wallentin, M., (2009). Putative sex differences in verbal abilities and language cortex: A critical review. Brain and language, 108(3), 175–83 doi: 10.1016/j.bandl.2008.07.001.

Weiss, E., Kemmler, G., Deisenhammer, E. A., Fleischhacker, W. W. y Delazer, M. (2003). Sex differences in cognitive functions. *Personality and Individual Differences, 35*(4), 863–875.

Weyerts, H., Penke, M., Dohrn, U., Clahsen, H., y Munte, T. (1997). Brain potentials indicate differences between regular and irregular German plurals. *NeuroReport, 8*, 957–962.

Weyerts, H., Münte, T.F., Smid, H.G. y Heinze, H.J. (1996). Mental representations of morphologically complex words: An event-related potential study with adult humans. Neuroscience Letters, 15 (206), 125–128.

Wicha, Y. Y. N., Moreno, E. M., y Kutas, M. (2004). Anticipating words and their gender: An event-related brain potential study of semantic integration, gender expectancy, and gender agreement in Spanish sentence reading. *Journal of Cognitive Neuroscience, 16*, 1272–1288.

Wilson, M. A., Ellis, W. A., y Burani, C. (2012). Age-of-acquisition affects word naming in Italian only when stress is irregular. *Acta Psychologica, 139*, 417–424. doi:10.1016/j.actpsy.2011.12.012.

Wilson, M.A., Cuetos, F., Davies, R., y Burani, C. (2013). Revisiting age-of-acquisition effects in Spanish Visual word recognition: The role of item imageability. *Journal of Experimental Psychology: Learning, Memory, and Cognition. 39*(6), 1842–1859 doi: 10.1037/a0033090.

Yudes, C., Domínguez, A., Cuetos, F., y de Vega, M. (2016). The time-course of processing of grammatical class and semantic attributes of words: Dissociation by means of ERP. *Psicológica, 37*, 105–126.

Zingeser, L., y Berndt, R.S. (1990). Retrieval of nouns and verbs in agrammatism and anomia. *Brain and Language, 39*, 14–32.

Studien zur romanischen Sprachwissenschaft
und interkulturellen Kommunikation

Herausgegeben von Gerd Wotjak

www.peterlang.com